Idea man

5日間で「自分の考え」をつくる本

10秒內言之有物的
即答思考法

日本企業教育大師、溝通專家 齋藤孝——著 林佑純——譯

目錄

第1天

臉書、部落格發文，如何打造獨特觀點、提升思考力！

CONTENTS
目錄

第2天 這個想法真精采！頂尖人才偷偷在用的17個思考技巧

目錄

CONTENTS
目錄

第3天

邊框思考、使用鈎鉤、問問題、套概念……立即放大你的能見度！

第4天

10秒內言之有物！你得懂速讀、慢讀，外加模仿消化

第5天

改變未來的關鍵，提升「決策力」的不敗思考術

【前言】現在及未來最需要的能力——自我想法

在現今社會，能表達出「自我想法」的機會，正以驚人的速度迅速增加中。

以生活上的例子來說，網路上評論書籍或電影作品的文章等，在過去原本是屬於「評論家」的工作，不過在如今，無論任何人都能夠透過網路這個媒介，記錄下自己的想法。舉凡是熱門網購平台、個人部落格或留言版，甚至社群網站，都能同時向許多人公開表露自己的想法。

雖然，有時就算發表了一堆文章，也不見得有人會看，但只要能夠寫出具有專業水平的文章，就有機會得到眾人的肯定。日後想要出書或寫些報章雜誌的專欄，都不再是遙不可及的夢想。

在如今的網路世代下，**每個人的機會都是平等的**。就這層意義上來看，我們所生存的這個時代，可真是相當有意思呢！

交友聊天、擴展工作機會，一定要具備

此外，企業在尋找人才時，通常十分看重面試者的「思考能力」。不論在哪個業界工作，都需要具備一定程度的競爭力。**只懂得照本宣科、停止自我思考的員工，已愈來愈容易被社會淘汰。相反地，只要擁有「自己的想法」，等於比以前更容易遇到意想不到的好機會。**

日常生活中與他人交談時亦是如此。只聊些無關緊要的生活話題，或許是安全的選擇，但總是容易令人感到無趣。唯有談及「自我想法」，才是締結雙方人際關係的起點。

現在已不是單靠公司名稱、職務頭銜就能夠走遍天下的時代。**「自我想法」的有無及深度，將會對人際關係造成相當大的影響**，同時是人際溝通中不可或缺的一大關鍵，其重要性可說是與日俱增。

基礎教育中多半沒有教

我們在學校教育中，大多沒有受過整理、發表自我想法的訓練。關於這一點，只要從大學指考中就可略窺一二。

舉例來說，在國文科作文考試時，便鮮少遇到有關「自我體驗」或是「內心思慮」的題目，更別說是要考生闡述「自己的想法」了。就連我自己在應考時，都會盡可能挑些能夠得高分的答案下筆。

從這點來看，**自我想法——可以說是在基礎學校教育中，最難鍛鍊到的「新能力」**。這不是藉由背誦或論述來面對問題，而是一種「實現自我所產生的力量」。只要擁有這樣的能力，就不用擔心今後無法從競爭中勝出。

我們當今所在的世界，許多的遊戲規則已經有所改變。但令人出乎意料的是，察覺到這一點的人竟意外地少。在不知道新規則的情況下加入戰局，實在不是個聰明的選擇。

其實，只要在掌握新規則的情況下，**建立一套足以應對的練習流程**，熟悉遊戲的致勝關鍵，就不會有太大的問題。而這正是本書的主要目標之一。

思考最終目標——實際行動

但是，無論再怎麼表明「自己的想法」，那些發言如果只是「紙上談兵」，就不具有任何意義了。因此，思考最終的目標在於充分掌握狀況後的「決策力」，藉由自身的行動力、影響周遭他人，將事態引導至理想的方向。

提到「決策力」，多數人可能會先想到的是組織領導者所應該具備的能力。但在現今時代，決策能力其實在許多場合都能夠派上用場。說得更誇張一些，這或許是歷史導向，形成未來的趨勢。

在中世紀的歐洲，「自我想法」是不受到重視的。一般人所重視的，是《聖經》

中的言論以及教會所傳播的思想。

而日本江戶時代（一六〇三至一八六七年）的武士，將《論語》及儒教當作思想根基，將「覺悟」視為行動的標準，並把自己的生命完全交付給主公，連自我思考的空間也沒有。

在以前，具有獨樹一格的想法，有時候反而會招致不必要的危險。但現今社會不同了，崇尚民主主義的自由社會是時代進步的結果。

在環境的迅速變遷下，如果每件工作都還要等待他人的指示，進度很快就會落後他人一大截。況且別人給的指令，也不見得都是對自己有利的。姑且不論「把自己完全交給公司」、那種賣命工作的人，**在一個組織當中，若是缺乏自我思考、承擔個人風險的能力，往往很難脫穎而出**。可以說，如今職場人最需要具備的是當事者意識（也就是意識到是自己的責任），以及良好的環境適應能力。

不過，考慮到現代人生活繁忙，本書將細分為以下五個階段、利用五天的時間，以達成上述各項能力為最終目標。

第一天，透過部落格或社群網站，寫下書籍或電影、商品等心得文，培養思

考的習慣。

第二天，從偉大先人的思維模式中，學習思考的方式。

第三天，審視自己的生活習慣，塑造「擅長思考的體質」。

第四天，藉由閱讀，增加自己的素養與話題。

第五天，準備周全，挑戰「決策力」、立即達成十秒言之有物的結果！

若是讀者們能夠透過本書，勇敢表達「自我想法」、進而為自己與周遭他人帶來改變，進而產生正面的影響力，那將會是我無上的喜悅。

第1天

臉書、部落格發文，如何打造獨特觀點、提升思考力！

在你看到某篇新聞報導後，若被問到：「針對這件事，你有什麼想法？」是否能夠十秒內、立刻有條理地表達自己的想法？

當然，很多人會認為「要依報導的內容而定」，如果是自己熟悉的領域，回答起來自然比較容易，但遇到不了解的事物，或許就會怕說錯話而支吾其詞。

但以一位應該擁有「自我想法」的現代人而言，遇到這種狀況必須能夠巧妙應對。無論對象是何人何事，都能做到**「不管聽到、看到什麼，都可以表達出自己的看法」**。

這是打造自我想法的第一個步驟。以棒球來比喻，相當於無論對方擊出什麼球，都得揮舞球棒來應對，即便如此，並非一定要你擊出高分球或全壘打。

雖說一直強調：自我想法，但不見得只能說出自己心裡的話。以比例上來說，大約**只要有八成來自情報及事實，剩下的兩成加上自己的見解，就能夠成為「自我觀點」的雛型**。

懂思考！臉書、部落格分享加心得

現今透過網際網路，任何人都能夠發表各式各樣的文章，且讀者不僅限於國內，甚至可以遍及全球各地。

首先，以日常生活中的事物為例，我最推薦大家發表電影或書籍的心得文。想當然，這是以往不曾經歷過、難以想像的時代變化。

在這樣的環境下，寫出一篇優秀的網路文章，就容易被視為「具

圖 1-1　快速判斷是否有自我想法？

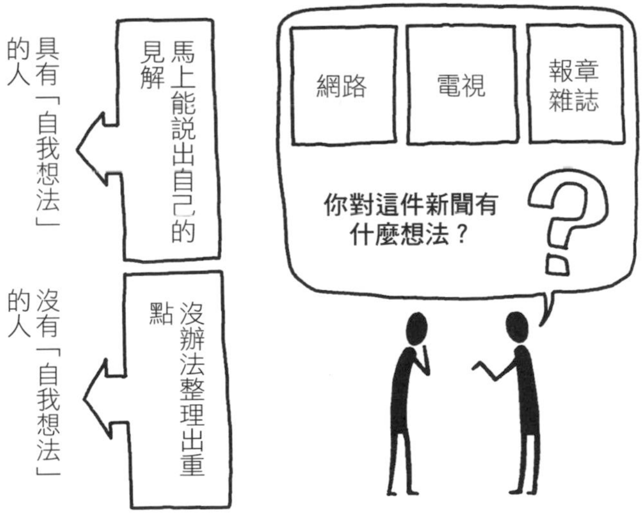

圖 1-2　結合擅長事物，打造觀點！

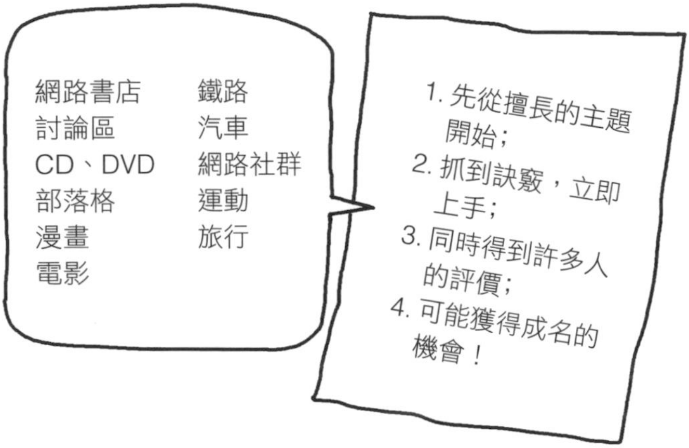
網路書店
討論區
CD、DVD
部落格
漫畫
電影
鐵路
汽車
網路社群
運動
旅行
1. 先從擅長的主題開始；
2. 抓到訣竅，立即上手；
3. 同時得到許多人的評價；
4. 可能獲得成名的機會！

有自我想法的人」。即使一開始沒沒無聞，但仍有可能由於某篇文章獲得好評、進而提升名氣，成為評論家或是獲得出書的機會。

即便你不是以這類發展做為人生目標，但既然寫了東西，就會希望能讓愈多人看到愈好，或是想聽到他人不同的感想及反應。

事實上，正如我們所熟知的臉書（Facebook）、推特（二〇二三年七月更名為「X」）等社群網站，也有許多不同的評價系統。

一旦看到讀者留言反應，也會對自己的眼光多份自信、產生成就感。

另一方面，就算文章中出現錯誤資訊、或因此遭到糾正，也不需要特別為此感到內疚。由於網路上有無數不分是非對錯的心得文，一般人大多看過就算了，再不然頂多回文糾正或嘲諷一下。**因此，在網路上發文，是初期鍛鍊自我想法的最佳管道**。

當然，寫作的主題不僅限於電影或書籍。像是鐵路、汽車等各項興趣領域；對店家、商品的評論；或是旅行的遊記，對某國、某地提出的評論也可以。因為，**評論文寫得好不好，不僅取決於作者的品味，更重要的是練習寫作的次數多寡**。

首先，可以從原有的知識與經驗中選擇，思考自己「對哪些項目比較有心得」，並且一一列出。舉例來說，如果你喜歡音樂，不妨試著從介紹、評論喜歡的CD開始吧！

現代人上網找評論、搜心得

一篇心得文與評論文，對讀者而言都具有很大的意義。舉例來說，談到莫札特（Wolfgang Amadeus Mozart），可說是無人不知、無人不曉，但關於他的樂曲，就不是那麼多人熟悉了。有些人就算想嘗試了解，也不知道該從何處開始入門。事實上，古典音樂除了特別知名的名曲，在毫無概念的情況下，往往難以體會其中的樂趣與奧妙。

此時，若有一位對古典音樂比較熟悉的人主動表示，這張CD的某首曲子有什麼樣的背景，適合以怎麼樣的角度來欣賞。這樣一來，就算是第一次接觸古典音樂的人，也能夠充分享受其中的樂趣。

漸漸地，入門者可能會喜歡上莫札特的音樂，開始對古典音樂本身產生興趣，進而去尋找、欣賞更多樂曲，最後發展出自己的一套鑑賞方法。說得更誇張一點，一則評論或幾行心得文，有時可以將人引領至一個全新的世界。

更明顯的例子就是現代藝術，像美國畫家傑克遜・波洛克（**Jackson Pollock**）和德國裔的瑞士籍畫家保羅・克利（**Paul Klee**）的作品，在沒有接受講解的情況下，第一次接觸的人大多會覺得「看不太懂」。不過，若是作品下方有附註簡單的說明文，至少能讓一般人了解作者在作品中想表達的涵義。

簡單來說，心得文就像是一把梯子。任何人都能夠使用這把梯子，從一樓爬到二樓。由於改變了眼中的景觀，便脫離了「不明就裡」的狀況。

有了這樣的經驗，若是希望繼續往上爬時，便自己再組一架梯子；或是沿著爬上來的梯子回到地面上，都是個人自由。再怎麼說，都比一無所知，只當個門外漢來得好。這也是充實人生的絕佳途徑。

舉自身的例子來說，我時常在日常生活中利用這類心得文，例如選購電影DVD時，如果能大致了解導演、演員情報，或相關內容甚至是影評，都能夠協助我決定選購哪一部電影。

書籍或音樂CD亦是同樣道理。我會在選購前搜尋情報，看過綜合評價後決定是否購買。以前由於缺乏這類參考資訊，就會發現買的量一多，踩到「地雷」的機率就會變高，這實在令人覺得十分無奈。日子久了，我學會先調查再下手，而且在智慧型手機日益發展後，我的絕佳參考資訊幾乎都來自網路上的心得評論。

因為如此，看久了自然比較熟悉文章的解讀方法。雖然，透過網路看不到發文者的真實面貌，但什麼樣的寫作方式可信度較高，哪種形容方法太過誇張、虛構成分高，其中又有幾分真實性等，我都能夠大致掌握，也算是個小小的「心得文評論家」了。

那麼，該如何寫出一篇獨一無二的心得文呢？我會在以下的章節中，進行更詳細的解說。

把握八成客觀重點、兩成主觀想法

寫心得文的最大重點，就是不能流於個人主觀的「感想文」。因為，強調「好喜歡」這首歌或這部電影，這種主觀的個人喜好，對讀者而言其實不具任何意義。就算舉出「最近正夯」等類似理由，也不會讓人看了感到印象深刻，只會讓人覺得你是個大家說往右就跟著往右，一個「愛趕流行」的人罷了，空泛的喜好只令文章內容更顯空洞。

最重要的是，對主題有什麼樣的研究和堅持，以及用什麼立場來敘述自己的心得。**獨特的執著和喜好，才能夠吸引他人閱讀你的文字**。簡單來說，就是表達你「獨有的意見和主張」。

寫心得文的訣竅在於，要**對主題具有一定程度的了解、把握**。如果把文章全體分作十等份，其中的**六至八成只要歸納出主題重點，「自己的想法」只需要占其中兩成即可**，就能夠構成一則出色的文章。

表達的最大問題，反而是全都寫上自己心得的那種文章。光想要寫什麼就很累人，而且只憑主觀的心得，實在難以讓讀者產生共鳴。

這種寫作的過程，其實就像是獨立的黑箱作業。無論是電影、書籍、音樂，都要先「輸入」之後，才能夠變換為有趣的「輸出」，成為自己的想法。沒有輸入，

圖 1-3　80/20 的黃金發文比例

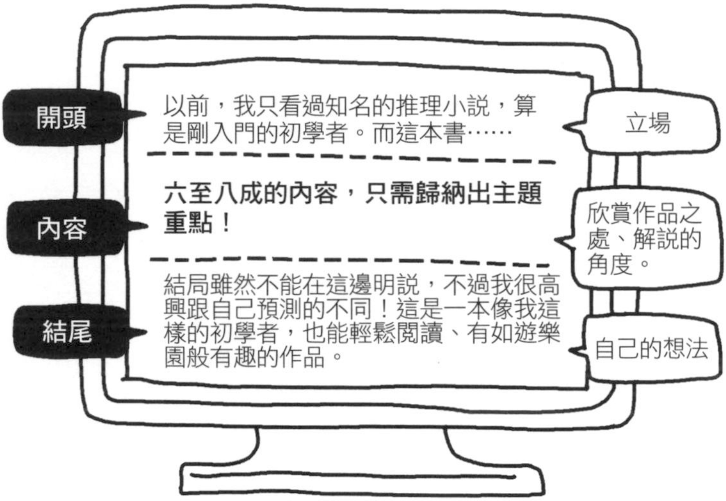
開頭
以前，我只看過知名的推理小說，算是剛入門的初學者。而這本書……
立場
內容
六至八成的內容，只需歸納出主題重點！
欣賞作品之處、解說的角度。
結尾
結局雖然不能在這邊明說，不過我很高興跟自己預測的不同！這是一本像我這樣的初學者，也能輕鬆閱讀、有如遊樂園般有趣的作品。
自己的想法

自然不會有任何輸出。直接把整個箱子拿給別人看，當然很難讓人覺得有意思了。

我建議，在寫心得之前，可以**先參考別人的心得文**。例如有不少網站，都會開放消費者發表商品心得，像是亞馬遜網路商城。未購買的消費者也可以對心得做出評論，每則心得文下方有個「請問這條意見對您來說有參考價值嗎？」可以點選「有」或是「沒有」。而這類「顧客意見欄」，是從眾人認為「有參考價值」的心得來排序，以增加受歡迎留言的曝光度。

自己讀過的書、看過的電影、聽過的音樂，其他人會有什麼樣的想法？只要多看看獲得好評的心得，或覺得具有說服力的文章，就能夠大致掌握其中的要訣。如果評論對象是書籍，簡要整理內容的心得，會比較受歡迎。並且，站在一般讀者的角度敘述，也較容易被大眾所接受。

正面解讀，減批判、少筆戰

相反地，沒辦法獲得好評的心得，通常是觀點偏頗，或是充滿與內容不相關的批評、毀謗及中傷的文章。或許急於想秀出「自我」，但這種行為，可說是違反了網路禮儀。

因此在發文時，最好盡量避開這類負面的言論。就算閱讀完書籍內容，發現不如自己預期，也不該直接使用「我不喜歡」、「無法接受」、「很失望」等主觀的字眼，因為這麼做的同時，就失去一則客觀心得文的資格了。

其實，網路上發表文章就如同跟朋友去咖啡廳、居酒屋等地方閒話家常，雖然有時候聊聊其他人的閒話，有助於炒熱現場的氣氛，但在網路平台上，公開寫出這類言論總是不太好。

另外像是「很無聊」、「不實用」這種直截了當的心得，同樣有其風險存在。因為，除了可能是誤會作者的意思，或許一開始就選到了不適合你的書。

舉個常見的例子，許多人容易因一時衝動，就購買了所謂的「暢銷書」，這類書籍也因此較容易受到公開批判。對評價方——讀者而言，容易有「我就偏要跟一般人不同，挑你這些毛病」的主觀意識存在。

但這種公開評論寫得愈尖銳，一旦發現自己搞錯時，不只令人下不了台階，甚至會讓別人對你產生人格上的質疑，甚至引發所謂的網路論戰。換言之，**要發表批判性的公開言論前，對於評論的議題內容需要更有把握才行**。

不過，即便能夠正確掌握主題內容，還是應盡量避免發表辛辣的言論。因為就算被你說中了缺失，只會更加激怒對方，甚至是對方的粉絲們。我認為，實在不需要在公開場合與眾人為敵，成為網路霸凌的加害與被害者。

畢竟，世界上有那麼多好書，沒有必要拘泥於不適合自己的。閱讀一本書，記下其中的優點與其他讀者產生共鳴，不是更具有建設性嗎？

事實上，正向的心得文就算有誤植之處，多數人都能夠接受，因為這類言語並不會對人產生傷害。就算有人發現，頂多只是一笑置之，這正是網路言論輕鬆的魅力所在。

秀出你的「資歷」——經驗、評論及細節

發表網路文章的潛規則之一，是盡可能表明自己的立場。當你不是很了解描寫對象時，記得要在文章中清楚寫出這一點。這就是寫心得文時，所謂的「資歷」。

舉例來說，在寫影評時，文章中就要明白表示：「這是我看這位導演的第三部

作品」、「其實平常我不太接觸電影」……等；或是「我本身在影視相關業界工作」、「我曾有過像主角類似的經驗」這類經驗談。這是提供讀者參考的情報，同樣是一種經驗回饋。

另一方面，這樣描述可以延伸出更多不同的評語，例如：「跟前面兩個作品相比，這部作品的力道略嫌不足」、「在實際的拍攝現場，其實沒有想像中的那麼辛苦」等。

讀者可以透過閱讀這樣的心得，了解到「原來先前兩部作品也很好看啊」、「原來電影業界有這些規矩」……以一篇心得文而言，這就是十分出色又帶有你個人想法的文章了。

假設，現在要寫一篇壽司店的食記。平常不太吃壽司的人，吃慣了便宜價位的人，還有不在乎金額、只重視餐點品質的美食家，這三者之間的評價標準，自然都不盡相同。

只不過，有美食家之稱的人，寫出的評論卻不一定是實用的，因為他們對於中低消費的店家，容易從批判的角度做出過當評論。追究原因，或許是為了滿足個人的虛榮心，但對於店家本身以及喜歡那家店的顧客來說，過度苛刻評價卻往往令人難以接受。

人只要願意花錢，可以消費的高級店家多得是，但能夠如此享受的人畢竟只是一小部分。在文字中強調自己的身分地位，實在很難讓一般人產生共鳴。人類的飲食文化之所以深奧，就在於「美味」的食物，在不同價位上的評價觀點是截然不同的。

而且，人的味覺喜好各有不同，自然會有見解上的差異。正因如此，發文者的資料將成為參考上的重要依據。

或許有時候不方便詳述細節，不過只要加上「平常我就愛吃這類食物」，或是「其實我不常來這種店」、「這次奢侈了一下」等類似情報，文章看起來就會有很大的不同。

只要達到這些基本架構，剩下的就交給讀者們定奪了。

花錢、花時間，感受更深刻

在一則心得文中，商品的「CP值」（Cost-Performance ratio，性能對於價格的比值）時常扮演著重要的角色。

市面上各種產品或服務的價格有所不同，而CP值的高低，有助於讀者實際想像產品的特徵，因此撰寫心得文時，往往能夠增加文章的說服力。

例如，針對一片電影DVD可以寫道：「花二千至三千日幣入手這片DVD，會覺得有點不值，不過，若是五百日幣的話就還可以接受。」這樣一來，比起單純敘述「內容很有趣」或是「有點無聊」，更能夠實際讓人感受到作品內容的優劣。其他像是「想請電影公司退款○○日幣」、「我花了○○日幣，可是一點也不後悔」等形容，也是十分具體的評語。

這些心得的共通點在於，**需要具備充足的當事者意識**。正因為自己花錢購買，才更想抱怨或是給予讚賞，也就是所謂「秤斤論兩」的評價。在明確的標準——

「價格」之下，表達出自己的評斷，這樣的心得評論文，更具有打動人心的說服力。

相反地，要寫出好的心得文，不可或缺的就是一定的花費。要說這是區隔出「當事者意識」的重要分水嶺，一點也不為過。

只不過，這個時代充滿了各種「免費資源」。一打開電視，就有各種節目跟新聞可看，想看書只要去圖書館就借得到，甚至能免費閱讀當季的暢銷書。充斥在網路上的各種情報，更是唾手可得。

這樣的公共環境雖然便利，卻也剝奪了不少衍生心得感想的機會。例如同樣一本書，跟圖書館借、或用一百日幣向二手書店購買，對閱讀的人而言，會產生不同的價值觀感，心得文的內容也會因此而有所差異。

所以，我常對年輕學生說：「書要買來看，裡面的知識才會真正屬於你。」如果說「這樣才能承擔風險」可能過於誇張，但要不花分毫賭金參加一場賭局，基本上是不可能的事情。

抱持著「我都花錢了，實在不想浪費」的心態，會讓人更認真面對自己購買的物品。與其以隨便的態度使用免費的東西，不如有實際的花費、認真品味，才能有更大的收穫。

此外，我所說的「花費」不僅限於金錢上的開銷，時間同樣是比金錢還重要的個人成本之一，可說是人生中有限的最大資產。

假設一本書要花上十個小時閱讀。看完之後，可能會覺得：「很值得花十個小時看這本書」，或是會有「還我十個小時來」的結論。在年輕時期，可能難以察覺到時間成本上的差異，但這兩者之間，其實會帶給閱讀者截然不同的感受。

提建議、寫失敗，都是重點

在心得文中，不少文章會針對初學者或消費者提出一些「心得建議」，這對於讀者來說，無疑也是十分重要的參考資料。

舉例來說，在一篇食記中，我們經常可以看到：「特別推薦〇〇這道菜」、「這樣點餐，上菜速度會比較快」、「這家真的是便宜又大碗」等敘述文字。在書籍及電影的系列作分享文中，也常出現「先從第三個作品切入，較容易理解」、「出色的第五件作品」等詳細說明，能夠有效為讀者們省下大筆的時間與金錢。

撰寫音樂曲目的心得時，如果可以帶領聽眾：「這位歌手，推薦可以從〇〇這張專輯開始聽」……對於剛接觸的人來說，必定會覺得十分親切且實用，進而給予發文者更多的鼓勵。

當然，這類具體的推薦，同時伴隨著一定的責任。例如被讀者抱怨「跟你說的根本不一樣」、「照你說的去做，結果反而吃了悶虧」等。這種時候，你有足夠的自信站穩腳步嗎？這也是撰寫文章時必要的自覺。

不過，即使沒有如此強烈的使命感，還是能寫出提供讀者參考的心得文。那就是**簡單扼要地寫出自己的失敗經驗**。

例如，使用過市面上販售的日用品、食品等產品後，清楚寫出：「尺寸比原本想像的大很多，有點難使用」、「最後有點吃膩，直接放在冰箱裡爛掉了」、「跟我本身的體質不太合」……等心得，就能讓讀者更實際了解產品的特性。因為這種寫作方式，並非刻意貶低商品本身，而是表現出使用者的實際感受。

不僅能讓讀者們模擬失敗的體驗，還提供他們使用產品的另一個觀點。不願重蹈覆轍的人就不需要購買，覺得可以接受的人也可以購買嘗試。

限定×限定，鎖定立場及領域

心得文中所能夠提供的情報，大致可區分為以下兩種：**一種是針對主題本身的介紹，另一種則是對主題相關情報的介紹**。例如，在整理某位歌手的作品內容後，介紹該歌手的相關作品，或是加入其他歌手類似的作品進行比較。一旦加入額外的情報後，對於對象本身的評論就能夠更生動真實、打動人心。

只不過，心得文必須控制在一定的字數裡。作品本身的內容，大約整理一百至二百字之間即可。而且，若只是平鋪直敘地介紹，無法引起讀者的興趣，因此必須

精選出自己認為最精采的部分，才能為心得文的內容畫龍點睛。

舉例來說，在文章中主動提到「這本書，光是閱讀第〇章就很有它的價值」，並且進一步簡單地介紹其原因和內容。因為提到自己最感興趣的部分，自然比較容易下筆。只要專注地凝聚焦點，就能夠產生能量。

再者，「敬意」（Respect）就是寫出一篇好心得文的基礎。正因為對主題充滿了「愛」，才會想用詞彙來表達並想讓更多人知道。不過，要尊敬、欣賞一部作品的所有部分，有時也不是件容易的事。

因此，只要**寫出主題中最欣賞的部分**就可以了。像是小說可以撰述「這位角色特別有魅力」；電影的部分，則是「角色的服裝設計非常講究」；音樂曲目，可以強調「吉他獨奏的部分超專業」等，建構出一篇能夠充分讓人感受到熱忱的文章。

如果無論如何都想提出批評，建議在文章中強調：「關於這個部分……」，或是「這次的作品不太吸引我」等就事論事的說法。而且，這樣處理反倒比較能自由提出反對意見。

其實，這是來自古希臘時代的哲學家蘇格拉底與柏拉圖的智慧。「自己是站在這樣的立場，可以就此自由發揮意見……」依此形成對話與議論的基礎。這麼一來，就能夠促進多方對談，也算是種言語上的認知運動。

但是，近年來由於網路資訊的普及，不時在網路上出現公開的人格批判，或是全盤否定的言論。從「你根本沒資格叫做專家」、「看這個根本在浪費時間」，到「退出歌壇吧」等惡毒言語，甚至是「問候人家母親」的謾罵話語，實在不堪入目。從古希臘的文明看來，明顯違反了言語使用應具備的禮儀。

如果在一個主題中沒有特別欣賞、敬重的部分，只需要如實表達即可。若內容盡是嘲諷及批判性文章，閱讀者看了、時間一久也會倒胃口。況且，覺得毫無優點的主題，不如從一開始就別寫什麼心得文了。

換言之，這也是針對部分領域進行評論的做法。如前文所述，先表明自己的立場，以及從特定觀點對主題的某一部分進行評論，都算是「限定心得」的一種。而**「限定╳限定」的評論型態，更能夠為心得文增添原創的風采**。因此，可說是優質心得文的必備條件之一。

找出你的「角度」，文章才有力道

前陣子，日本小說家越谷治出版的暢銷小說《向陽處的她》，因為翻拍成電影的緣故，人氣扶搖直上。

我們先假設針對這部電影，有以下影評：「由於聽說這部作品被評選為『日本女生最希望男生閱讀的戀愛小說第一名』，我打算當作戀愛參考來觀賞，結果看了才發現，內容大多是以女生的觀點來描述。

不過仔細想想，正是因為能夠生動地描寫出女孩子的心情，這部小說才會成為暢銷書，進而獲得改編成電影的機會。看了會覺得，男生跟女生的想法果然差很多，就這點而言，果然是部不錯的戀愛參考。」

在這段影評當中，作者一開始就先表達出「想當戀愛參考」的立場。在這個**限定條件**下，文章內容不僅較好發揮，同時能夠跟一般影評有所區隔，而且就算對作品本身的內容沒有太多的評論也無妨。

德國哲學家康德（Immanuel Kant）就曾說：「我們無法真正觸及事物本身。」就算在眼前有一個物體，也無法斷言「那是〇〇」。只能表示「好像是〇〇」、「感覺是〇〇」。

舉個例子來說，在你眼前有一棵樹。我們可以為那棵樹取名字，但無法掌握樹本身的存在。因為對於停在樹枝上的鳥兒、爬在樹幹上的蟲子來說，那棵樹在他們眼中，又是個截然不同的存在了。

這樣形容或許有些誇張，不過我認為，心得評論文本身亦是如此。一口斷言「這部作品的結構就是……」固然讓人覺得爽快，但那終究只是作品的其中一面。既然如此，不如保守點，有自知之明地表示：「這部作品從〇〇角度來看，是這樣的……」這樣的寫法除了正確度較高，也較容易下筆，同時又與「制式」的寫作方法有所區隔。

但是，如果語氣過於謙虛，反倒有評論力道不夠的隱憂。為了避免這樣的情況發生，就必須**強調文章中的力道**。

像是事實與意見的部分，都要清楚地表明。而關於個人意見的部分，可以用

「從這個觀點來看，我認為……」這類客觀說法。只要能夠靈活運用文字力道上的輕重，就可以避免心得文流於主觀的價值判斷，並充分表達自己的意見。

能夠以這種「限定」方式寫作的人，除了具備清晰的思考能力，也是充分擁有「自我想法」的證明。

「不負責任」的自我觀點，更有樂趣

在網路上看影評時，會發現不少文章以「作者觀點」來進行相關的評論。「如果由我來寫劇本，故事會是這樣發展的……」、「這個角色應該找〇〇〇來演……」等具體心得。

這也是看心得文的樂趣之一。姑且不論發言者具備的技術與能力，單純表達意見、只要言論沒有傷害到他人，這種表達方式同樣應該予以尊重。

舉例來說，在看職棒賽事時，許多人就會不自覺地以教練的立場觀看球賽，對著電視大叫：「這時候應該要更換投手吧！」、「這邊應該要強迫取分才對啊！」這類帶點自我觀點、不負責任的發言，也會為心得文帶來一些意想不到的樂趣。

之前，我曾和一位日本職業足球聯賽（Japan Professional Football League，簡稱J聯賽）的相關人員聊到這個話題。他們隊伍中有位「熱情」的球迷，每當他們輸了比賽，對方就會上網發表一些辛辣的言論，內容從球技到戰略都有，看似對足球鑽研甚深。

某天，球隊公開舉辦了粉絲見面會，該球迷也前來參加，並加入了現場組成的友誼賽隊伍。

粉絲組成的隊伍，實力參差不齊，而在其中特別拖累全隊表現的，似乎就屬那位經常上網發言的球迷了。跟專業球員相比，動作遲緩自然不在話下，但在粉絲中，仍算表現得特別差。看來先前一連串有關球技與戰術上的評論，只是不負責任的紙上談兵罷了。

不過，現場看到對方表現的聯賽人員，卻沒有為此感到憤怒或不悅。相反地，他表示當時打從心裡覺得：「對方這麼不擅長足球，卻為了球隊絞盡腦汁想了這麼多，真的很感謝他。」甚至感到對方那些舉動「實在很可愛」。

之後，雖然那位球迷仍不改發表時的一貫風格，但在見面會之後，該聯賽人員似乎能夠比較冷靜地看待那些字句。他認為，那或許是支持者「愛之深責之切」的一種表現。

我想，不論在哪個領域，專家就是必須能夠承受這類嚴苛的考驗。他們的工作，就是建立在支持者或批評者的存在上，才能夠確實成立。

這麼說來，後者對於前者的多數評論便可說是合情合理的。誹謗與中傷的言論，自然不在討論範圍中，不過如果是「你們這樣下去不行」、「這樣做應該會更好……」等斥責或激勵，即便是不負責任的言論，應該是被容許的。

當然，站在接受者的角度看來，或許不全然能夠接受這樣的「建議」，但對於發言者來說，公開表達出「自我想法」，除了追尋其中的樂趣，往往必須付出一定程度的代價。

評論的風氣愈盛，表現愈精采

以「作者立場」進行評論，也是鍛鍊「自我想法」的絕佳機會，能夠從中學習到作者的思維模式。

在電影DVD中，時常會收錄幕後花絮作為附錄。或是像日本動畫大師宮崎駿等名導作品，製作過程通常會做成專訪、或特別節目公開在電視上播映，或是成為雜誌專欄的主題。

藉由這些報導，較能夠想像製作者是用什麼樣的想法、步驟，來完成一部作品。除了一窺製作現場的奧祕，也得以深入了解作品。

光是透過這些影片，便能夠想像拍攝電影是多麼辛苦的工作。例如，有時需要搭配下雪的場景，就必須委託造景的團隊配合；或要拍攝人群中的劇情時，就得找來大量的臨時演員。這些當然並非一般人所能輕易辦到的事，因此會產生對製作者的尊敬之情。

在這些前提下，表達出「如果我是導演，會這樣拍……」等意見是個人自由。不過，發表批評立場的公開言論時，有時會遭人嘲諷「那你自己做做看啊！」但我認為，表達出自我意見，不該遭到如此強烈的批判。

畢竟不負責任發言的立場是相同的，更何況本來透過傳播媒體，對於「現場狀況」一知半解，就更容易抱怨或發牢騷；但不可諱言的，這也是引起讀者興趣的要素之一。

在民主國家中，沒有誰規定做不到、學不來的人，就不能出言評論他人。**發表自由言論，絕對能夠大幅提升該領域的文化水準**。例如，以足球運動聞名世界的巴西，全體國民都是以「自己是總教練」的心情觀看球賽、為球隊加油。在世足賽等國際賽事獲得優勝，全民會舉國歡騰，但除此之外的表現，民眾就會大肆批評教練以下的人員。在這種氛圍中進行的比賽，水準之高自然不在話下。

以日本來說，就如同民眾對於柔道運動的堅持一樣。在國際賽事獲勝是理所當然的，甚至認為得到亞軍同樣算「輸」。我想，應該沒有任何一個國家的民眾，會對於柔道有如此普遍的了解與支持吧。雖然近年來的成績不是非常理想，日本還是匯集了具有世界頂尖水準的柔道高手。

在電影方面，活躍於世界舞台的黑澤明與小津安二郎導演，同樣培養出一群審美觀獨樹一格的觀眾。對他們來說，電影就是日常生活中最大的娛樂，因此不論製作者或觀看者，都會非常認真地看待電影作品。這種緊張關係，因此豐富了現今日本的電影文化。

現在新上映的電影，按照慣例會在電視上大打廣告，因而有更多觀眾願意上電影院。有時就連水準沒有那麼高的電影，也有機會爆紅。現今的電影產業，已經逐漸演變為以「行銷戰略」決勝負的世界。

在這樣的風氣中，能夠容得下專業影評的空間愈來愈少，電影文化的存續與發展，正面臨極大的考驗。

現今的日本，屬於純文學的空間日漸式微，當能夠給予適當評價的讀者層愈少，就愈難成立商品的價值。這連帶影響了作家的生計，再這樣發展下去，業界會愈來愈難留住有能人士。

這種現象不僅將發生於電影、文學產業，也可能隨時發生在其他的文化產業，而要避免這種情形發生，獲得眾多支持者並培養健全的評論文化，是現代文化人所必須面對的重要課題。

因此，製作者供應「作者觀點」的專訪報導，讓一般人了解文化的相關結構與動向，等於是提供一種協助，催生出更多優秀作品，讓產業得以永續經營。

抽象，讓焦點模糊、想法平庸

一篇文章（不僅限於心得文）會讓人感到索然無味的其中一個原因，就在於使用了過多抽象表現。例如：「這是導演用心拍攝出的大作！」、「這部作品真的很棒……」或是使用過多像「勇氣」、「情誼」、「心」等精神象徵的字眼，也會帶給讀者類似的感受。

當敘述的概念過於龐大時，就會模糊要表達的焦點，並且看起來平庸。這會讓人懷疑起作者是否太過缺乏「自我想法」，才會寫出這樣的文章。

因此，描寫心得文的一項重點，就是**打造「關鍵字」**。當你覺得一部作品特別有趣，就要追溯其原因，如果要用一句話來表現，那會使用哪些詞彙呢？從中找出形容這部作品的「關鍵字」。

有種說法：「有能力的人，常會使用自創的詞彙。」但是，語言是在歷史中逐漸進化，成為公眾認知的共同溝通工具，並不是以個人力量就能夠創造出來的。以長篇小說《尤利西斯》（*Ulysses*）聞名的愛爾蘭現代主義作家詹姆斯・喬伊斯（**James Joyce**）這種等級的作家，自然另當別論，畢竟大多數人都難以達到這樣的創作水平。

既然如此，為何有些人能在寫作中運用自創的辭彙呢？

簡單來說，分界點就在於「選用的是否為抽象語句」。例如當被問到：「社會人士必備的資質和能力是什麼？」大部分人會回答「誠實」、「熱忱」等。這些答案雖然沒有錯，聽起來卻太過理所當然，似乎缺少了具體想法，並且給人一種沒有太深入思考，甚至是膚淺的印象。

相對地，如果以「當事者意識」進行回答，給人的感覺就會比較具體，同時帶給他人一種「使用自創詞彙」的印象。其中特別有效的用法，就是將關鍵字當作「標題」來使用。基本上，像「關於○○的○○」這類曖昧不清的文字，往往難以吸引眾人的目光。反而像「○○是○○！」這種有些**獨斷的標題**，反倒能夠在第一時間引起讀者的興趣。

從這樣的標題開始思考，比較容易找出關鍵字，創作出主旨明確的文章。有時想不出好的標題，可能就是還沒想清楚自己要寫些什麼。

引用，給你「個性」、給對方「滿足」

找出「關鍵字」的另一個簡單方法，就是**善加「引用」**，這也是撰寫心得文時重要的技巧。如果主題是書籍，就引用其中的金言良句；如果是電影，則可以記下劇中出現的名台詞。只要將這些句子加入自己所寫的文章中，就能瞬間提升心得文的整體質感。

我在大學任教時，常要求學生繳交作文作業。或許是因為不習慣寫作，學生們的作文內容通常缺乏讓人想閱讀下去的重點。其中一個主要原因，在於提供讀者的「滿足感」不足。換言之，就是文章中缺乏嶄新的觀點以及知識。

要補強這點，最快也最省事的方法就是「引用」。舉例來說，就算文章整體缺乏起伏，讀者也可以從引用的部分內容中獲得新知識。不僅如此，還能夠提供對方「閱讀作品精華」的滿足感。所以在指導文章寫作時，我都會強調「文章中至少要使用一次引用的技巧」。

寫心得文也是如此，善用「引用」，能夠襯托、歸納出文章整體的重點。最好的練習，就是嘗試寫一本書的讀書心得。剛開始，只要寫出書中兩句最喜歡、最令人印象深刻的句子就可以了。

之後，**在引用句的前後加上前述以及說明，以此為基本架構**，就能構成一篇優秀的心得文要素。

我在寫專欄時，也經常使用這樣的技巧。此外，如果能將複數引用句的主旨歸納在標題上，更有助於快速完成一篇內容充實的文章。再者，能有效減輕寫作時的心理負擔。

例如，原本的目標是寫出一千字心得文，面對一片空白的電腦螢幕，總會有看不見的寫作壓力。但只要先選出約一百字的句子，就能以這段引用句作為起點，加速寫作的效率。

在這種模式下，在思考前後必須補足的文字以及整體架構的同時，文章便在不知不覺中到達目標字數。

更何況現今多以電腦進行寫作，變換文章的前後順序可說是輕而易舉。比起從頭創作一篇文章，這樣的方法更有效率，更能在寫作過程中刺激靈感。

而引用句的選擇，基本上只要憑直覺判斷就可以了，或是單純以個人喜好來挑選。而為什麼會選擇這個句子，就必須冷靜思考原因，在前後加上自己的想法。以這種步驟寫作出的文章，除了具備個性，內容也會比較豐富有趣。

其實，不管什麼樣的字詞，只要加個「上下引號」，就會看起來像關鍵字。舉例來說，明治大學橄欖球社的社訓，就只有短短一句「奮發向前！」看起來極其普通的一個單字，加個上下引號，便成了煞有其事的人生標語。接下來，就只需要解釋選擇這句話的背後涵義了。

第2天

這個想法真精采！頂尖人才偷偷在用的17個思考技巧

思考，就如同解答數學問題時都會有固定公式，也有一些既有的步驟。日常生活中，**讓我們覺得「這個人頭腦很好」或是「真虧他想得到」的人，其實往往都借助了這類思考技巧**。

因此，我們只需要把這個方法學起來，將它化作自己的「武器」就行了。現在，就由我來為各位讀者介紹在此章節中的幾項實用技巧。

比較法① 找一個配角，思考「哪裡不同」

首先，利用「比較」。如果被問到對於一幅畫的感想，有不少人只能回答出「還不錯」、「不太好」，或是「喜歡」、「不喜歡」等諸如此類的形容詞，甚至回答「不知道」或「沒什麼感覺」的也大有人在。

但是，現場要是還有另一幅畫，情況就會有所不同了。若是以「跟剛才那幅畫比較起來，你覺得怎麼樣？」、「你覺得哪一幅畫比較優秀呢？」等問題詢問人們的感想，就能得到各式各樣的心得。

再以歷史回顧為例，將近代日本假設為「A」，對照組「B」理所當然就是西方諸國了。

日本明治時期的著名思想家、教育家——福澤諭吉的著作《勸學》，全書概要可說是為了讓人們學習「比較」。書中提出過往漢學者所提倡的抽象式議論，沒有帶來什麼實質意義；反倒是西方具體且合理的科學，能夠帶來繁榮與進步。所以作者提倡日本必須接納西洋文化，學習科學及實事求是的精神。

無論你是否能夠思考到如此博大的層面，不過，這個方法在日常生活中同樣能派上用場。具體而言，**在接觸他人之後，養成「與對方進行比較以及思考不同之處」的習慣**。

著眼於彼此的差異，就能夠掌握對方的特徵。這是不讓思考停滯的最基本方法！至少能夠使你避免陷入只能回答：「不知道」、「沒什麼感覺」的窘境當中。

這樣的思考模式，就連書寫文章、提出企劃案時都可以派上用場。假設僅憑自己的意見寫出來的東西，若不被採納，換個角度想，其實也能成為一盞明燈。你應該試著冷靜思考，自己究竟想要傳達什麼，還有什麼樣的重點需要寫進去。這時候，只要有一個比較用的案例，就能夠充分加強說服力。比起單純述說A的優點，若是能夠**提出一個對照組**，就能夠看起來更加深謀遠慮。

舉例來說，所有一般常識及既有的商品，皆可被視為對照組B，也就是用來凸顯主角A的配角。**為了使主角更加耀眼，所以更需要適時地提出配角**。

比較法② 搞不清重點？先區隔兩大部分

在進行比較時，最重要的一件事莫過於，如何明確地定義A與B。應該有不少人在工作、學習時，習慣抄寫筆記，但是像我這樣習慣將筆記本分成A、B兩個部分書寫的人，可說是少之又少。

我之所以會如此執著於「比較」這件事，起因是從前準備考大學的時候，教「現代文」（譯按：相當於中文的白話文）的老師告訴我：「現代文必須要以比較的方式來解讀。」

以學生考試常出現的現代文來看，文章中加入許多複雜難懂的東西，往往看完一遍依然無法掌握概要。但是為了得出正確答案，就必須徹底理解其中的脈絡。

為了達到這個目的，最有效的方法就是比較。將文章大致分解成作者用來闡述理念的A部分，以及前言和為了比較而寫的B部分。並將這些關鍵謹記在心，再次閱讀時，就能夠更迅速、簡單扼要地掌握作者想表達的主張及文章全盤架構。

當然，光用看是不行的。我建議你試著以文字或短句、表達A和B兩個部分的特徵，並且分門別類地寫下來。藉由分析整理過的關鍵字句群，就能輕鬆掌握文章的脈絡。

從前我就認為，這種解讀文章的方法是非常合理的，而且在準備升學考試時便得到了證實。正因為有了過往的經驗，更能夠確信一件事實——**「比較」就是思考的根基**。

圖 2-1 拆成 A、B 來思考

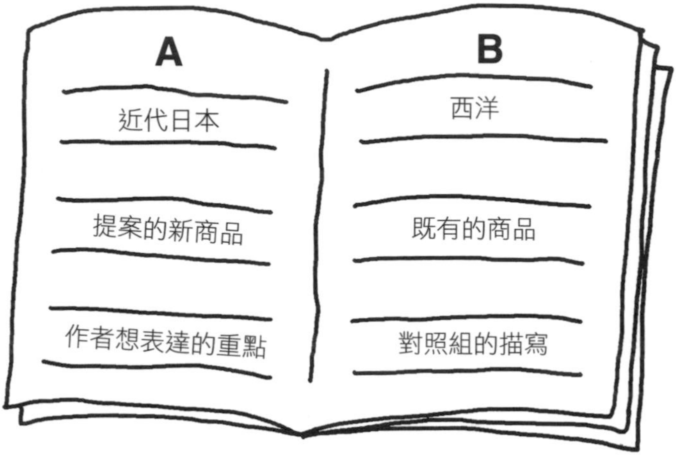

「比較思考」不單單用於解讀文章。以古典樂為例，即使是相同的樂曲，不同的指揮和演奏者所呈現的感覺也會有很大的不同。

將這些不同風格的樂曲相互比較，就能夠更深入理解樂曲所蘊藏的意境，或是成為特定演奏者的忠實粉絲。

若以足球的前鋒為例，球風可能依據選手而有所變化，倘若觀戰時能夠察覺這些細節，且相互比較選手之間的差異，必定能夠體會到足球的博大精深之處。

藉由「比較」，不僅能夠開闊

人的視野，也能大幅提升思考的幅度。

與他人對話之際，比較的手法同樣能派上用場。在筆記本上將事物分類成A和B兩部分、相互比較，固然是一件相當簡單的事情。但是有時候，人們會遇到只能提出A部分的情況，又該如何是好？

此時，建議只需要**假設一個能夠用來比較的B**就可以了。至於對談的理解方式及程度，會因為對照組B的內容而有所改變。

例如，當我們在聆聽關於某項商品的簡報時，對方不斷地強調它的好處。那麼我們首先要做的，就是將那件商品設為A，並思考與A相似的商品有哪些。並將類似商品設為B，接著進行比較。

如此一來，就能夠清楚了解A的優點，甚至是略輸給B的地方。而這些比較，都能夠幫助我們對於商品的具體價值有更完整的理解，同時能夠成為判斷時的重要依據。

比較法③ 尋找完全不同事物的共同點

思考時，用來對照的B不見得必須是類似的商品或事物，也可以是完全不同產業的商品或服務。簡而言之，就是**將相似或是不相似的東西都拿來比較，並從中尋找共通點**。

在觀看職業棒球的新人選秀時，我總認為這樣的選秀方式可以運用於相親或聯誼活動上。

以球團的角度而言，即是不斷透過抽籤、篩選心目中的理想球員。如此一來，候補順位排第四的球員往往都能拔得頭籌。不僅如此，以現實戀愛為例，也和選秀有許多共同之處。

日本一個名為「戀愛應援團」（もてもてナインティナイン）的綜藝節目，有一個單元是幫正在煩惱沒有伴侶的男性找尋合適對象。我在觀看節目時發現，一開始女性來賓們總是較注意外表出眾的男性，但是能夠得到帥哥的只有一人。那麼，大

家或許會想，剩下沒有選到的女性不就只能抱著不甘的心情回去嗎？其實不盡然，節目最後總是有辦法湊齊半數以上的情侶。

也就是說，女性來賓們不過就是在第一輪的選秀中，抽到了再接再厲的籤而已。在那個當下，要是因為灰心而自行放棄下一輪的抽選機會，就很難再次找到適合的結婚對象了。

這時候，她們便會懂得隨機應變，如果沒選中第一順位的對象，就換第二位、再不行就換第三位，像這樣子一邊思考下一步該如何走，一邊果決又乾脆地決定下一步。

接下來的例子可能有些偏頗，不過，就連看起來毫無關聯的事物，彼此之間都可能存在些許關聯。而且，這樣的例子還不少。找出這些相異點，可以說是鍛鍊思考能力的基本功夫。

物理學家牛頓（Isaac Newton），透過觀察太陽與月球之間的關係和物體墜落的現象，進而發現兩者之間的共同點，推論出萬有引力法則。不過，這樣一來也萌生出「重力」及「質量」究竟為何物的問題。而解開這個謎團的正是「希格斯玻色子」（Higgs boson）。該粒子被認為是帶給物體質量的存在，而此一假說最早出現於西元一九六四年。歷經大約五十餘年的研究，終於在二〇一三年間證實了此粒子的存在。

然而，我們不見得一定要有這般偉大的建樹。只要養成習慣：無論遇到什麼樣的問題，都試著去**思考「這個東西和另外一個東西之間，有著什麼樣的關聯性」**。一開始雖然有些強人所難，不過實際練習之後，就能確實感受到自己的思路變得更加清晰了。

即使是從事第一線銷售的工作者，同樣能夠從偶像明星的宣傳活動中，得到有助於推銷的靈感；說不定也能夠從落語（編按：日本的傳統表演藝術）中學習推銷用的話術。這意味著，**從完全不同的領域中所獲得的刺激，能有效激發我們潛在的想像力**。

以上就是以「比較」為出發點的思考方法。

若是能夠學會「從相似物之間尋找差異」、「分解事物後相互比較」與「從兩個相異事物中尋找共同點」這三項訣竅，便能達到思考的更高境界。無論在什麼樣的場合、突然被要求提出評論時，也不用擔心因辭窮而感到困窘。

比喻法① 解放你的想像力

接下來，要介紹的思考方法是「活用比喻」，也就是「比較」的進階運用。

作家村上春樹在獲頒耶路撒冷獎（Jerusalem Prize for the Freedom of the Individual in Society）時，曾於演講中說道：「無論高牆是多麼正確，雞蛋是多麼地錯誤，我永遠選擇站在雞蛋那一方。」

若從演講的全文來看，這段話不單只是為了點出強者與弱者之別。同時村上先生也闡明，包含我們在內的所有人都是「雞蛋」，而我們一手造就了名為「高牆」的體制。體制本應是用來保護我們的存在，然而有時候卻會失控成為危害我們安危的巨獸。而負責監視這頭巨獸、捍衛「雞蛋」的尊嚴，就是身為小說家的使命。

話說回來，演講中使用的「高牆」與「雞蛋」的譬喻，實在是巧妙的沒話說。無論有著什麼樣的文化背景，只要看到這個譬喻，理應都能夠立刻在腦中產生畫面。我們也應該不斷自我鍛鍊，直到擁有不遜於此的能力。

試著想想，假如電影或是小說在敘述主人公的心境時，只用了簡單的「忐忑不安」來呈現他的內心，必定無法引起閱聽人的共鳴。但，倘若改為「浪潮」、「鞦韆」或是「鐘擺」等形容詞，就能夠使閱聽人立即**聯想到具體的畫面或情境**。而這正是表達技巧的玄妙之處。

即使在日常會話中，也能將譬喻化作具體概念，可以輕鬆彙整出有用的資訊，而且當你想到這個譬喻時，就已經有了初步「自我想法」的雛型了。

換言之，若要從零開始構築自己的想法，不只困難還很傷神，但如果能夠借助其他事物進行構思，就顯得比較簡單。因此，我們面對的課題是：如何借助其他事物，重新構築自己的想法。

實際上，中高齡的男性之中有許多人喜歡用棒球當作譬喻材料。例如，「這已經是九局下半二人出局、滿壘的情況喔！」、「比起瞄準安打，這時候應該用便於接應的短打應對。」等譬喻。若是遇到同好，在溝通上必定較沒有隔閡。

將自己擅長的領域和喜好帶入工作，也能夠使自己感到愉快。若是能夠藉此讓自己保持歡愉的心境，對於激發思考同樣是一大助力。

要是遇上只能答出「好像是這樣」、「我懂」等類似對答者，那更是絕佳的利器。為了使雙方產生「共感、同理」（Empathy），逐步地增進彼此的情感與共同話題，是非常有效的方法之一。此外，也能讓思考的脈絡進入良性循環中。

運用譬喻的能力，在提升團隊的創意及靈感上，同樣是相當重要的一環。社會人士和學生最大的差異在於：前者在絕大多數情況下，必須從複數的想法中篩選出最有利的建議。此時，最重要的莫過於彼此對於問題的理解程度與看法的交流。

群體間若是能夠「運用譬喻」來解決問題，實屬相當大的進步。譬喻使用的多寡與否，甚至可說是團隊的契合程度指標。

但「譬喻」這個方法，同時算是雙面刃。若是一直以棒球作為比喻，不見得就是好事。或許團隊中有些人並不是這麼了解棒球，甚至會有對棒球沒興趣的人。尤其當溝通對象是女性時，更容易出現這類狀況。

對無法產生共鳴的人，特地使用棒球的譬喻，並不會產生太大的反響。最糟糕的情形是，有可能讓人誤以為你是一個不懂深思熟慮的人。因此，我要特別提醒大家：**運用譬喻時務必要視狀況、對象使用**，才能達到最大效益。

雖然無法一概而論，但是對多數女性使用時尚品牌相關的譬喻，或許能夠有所斬獲。例如，以「就算面臨不景氣，歐美高級名牌也不會輕易降價」等實例，點出公司的危機管理、及近年盛行透過社群網路的自我行銷手法……像這樣善用不同的譬喻引導不同類型的對象，將有助於提升團隊成員間的契合度與理解。

比喻法②向「一流人士」偷學，說他們說過的

能夠流暢地運用譬喻，可說是優秀人士的特徵之一。

例如，保持二十年不敗紀錄的麻將達人，有「雀鬼」之稱的職業麻將選手——

櫻井章一就是最佳範例。他在自己的著作《下定決心只需一秒》（暫譯）中，充分展現出身經百戰的強者擁有的思路與氣魄。以下摘錄部分內文：

我認爲人生就像是麻將。麻將的遊戲規則是四人中的一人完成牌組、形成胡牌。一旦完成牌組，便意味著隨時可能被其他人破解。絕對不可能有先組好牌放著的情況。過程中必定都是完成、接著被破解，被破解後又接著重組。

如果無法爲自己手上的牌組虛張聲勢，即使勝出也沒什麼好自豪的。因此，我總是教導學生，如果胡牌如此棘手，只要故意不完成，讓它處在完成與不完成的邊際即可……。

而我們的人生不正是如此？每天都在崩壞與重造之間不斷交替。無論是昨日也好，今日也罷，都不會出現重複的景色與際遇。日子只會不斷地過下去。

倘若意識到這樣的至理即是人生全貌，就能領悟所謂「成功」並不存在。若要說那種情緒的原貌究竟爲何，大概就是與成功相似的「成就感」吧……。

知名哲學家羅伯．傅剛（Robert Fulghum），所著的暢銷書《生命中不可錯過的智慧》（*All I Really Need to Know I Learned in Kindergarten*）。該書中最為人所知的部分莫過於，作者認為人終其一生所需的智慧，早在孩子於幼稚園裡的遊戲沙坑中打滾時便已學會。

而對於櫻井章一而言，麻將桌不過就是他的「幼稚園遊戲沙坑」罷了。如此少見的逸才所提出的見解，我們更應欣然接受並吸收觀點，並轉為譬喻運用到我們的人生中。

有不少喜愛麻將者，都習慣將麻將比做人生。例如，漫畫家福本伸行在其漫畫作品《鬥牌傳說》中，就曾出現許多藉由麻將述說人生道理的場景。甚至在網路上，也能夠找到許多關於《鬥牌傳說》中出現的名言集。

對於熱衷麻將的人來說，比起單純咬文嚼字地吸收知識，藉由麻將來學習人生智慧，想必有更深刻的體認。

此外，一提及勝負，就不得不說到職業棋手——羽生善治。在其著作《捨棄的力量》（暫譯）中，就提到這麼一段。

知識並非只要獲取就好，而是必須經由不斷地累積將其化爲智慧。比起從成堆的資訊中篩選出自己需要的，更重要的是試著學習如何從中捨棄不必要的東西。

即使面對困難也不放棄思考的毅力，和追求答案所耗費的時間，我想都是造就一個領域中的強者，所不可或缺的助力與挑戰。

雖然，羽生先生只是在述說將棋的經驗之談，但是想必不會有人只照著字面解讀。正因為他說的話有著廣泛性，可以套用至任何一個情境之中，所以不管用作訓誡或是激勵人心的格言都是可行的。無論對方是否有察覺到其中含意，這類活用譬喻的技巧都是非常好的方法。

當然，能夠如此純熟地運用譬喻的人，絕對不只櫻井章一和羽生善治而已。世界各地皆有一流人才活躍的蹤跡，他們可能出現在報章雜誌或其他媒體版面上。我們要做的只是從中挑選一位感興趣的人，接著浸淫在他的言行與想法之中。

雖然，當下無法立刻成為一流人士，但是只要試著讓自己接近那些人的想法與舉止，一定能夠慢慢地讓自己更趨近優秀的境界。

比喻法③從「幕後花絮」了解模仿對象

此外，還有一個類似前文提及的比喻方法可供讀者參考——模仿一流人才的思考模式。不過，要運用這個方法前，需先了解模仿對象的真實樣貌。藉由一窺電視媒體、報章雜誌訪談的幕後花絮，了解學習對象最真實、不加掩飾的一面。

電影《風起》（編按：日本吉卜力工作室動畫導演宮崎駿，改編漫畫製作的電影動畫）剛上映沒多久，二〇一三年九月號刊的影評雜誌《CUT》，就刊出關於導演宮崎駿如何嚴格要求細節的報導，以下摘錄部分內文：

……要說最困難的場景，就屬一邊整理長裙、一邊坐下的時候吧。「想要畫得像樣，就請太太示範後、仔細觀察，把感覺畫出來啊！」當時導演是這麼對我說的，而且事前討論也只有這麼一次而已。

經過一番努力後，終於有了點樣子，說眞的其實還蠻感動的。還因此被稱讚了呢，當我被導演稱讚「幹得不錯嘛！」的時候，眞的感到非常開心。

我們大概都是看完整部電影之後，才會有所感觸吧。而且深受感動的地方，也不會是一個女性坐下的場景才是。但從宮崎駿導演的角度來看，即使是如此簡單的動作，都是不能馬虎的部分。他所製作的電影，為何能擁有如此驚人的細膩度與超高品質，我想從這裡或許就能探出一點端倪。

《CUT》在二〇一三年十二月號刊中，刊出了爆紅的電視連續劇《半澤直樹》導演——福澤克雄的訪談文章。

根據文章所述，劇中廣為人知的最終幕竟是重複拍攝超過十次後的成果。更驚人的是，現場竟然沒有任何人因為這樣而感到沮喪。讓許多人痴迷的連續劇拍攝現場，氣氛就已經這般高亢、如此執著完美。

在一次因緣際會下，我碰巧從曾經出演過此劇的演員口中，聽說了同樣的事情。不用說是萬眾一心了，即使是重拍數十次也沒有人抱怨。而且飾演主角的堺雅人先生就算嘶吼了那麼多次，也不見他嗓音沙啞。「實在太厲害了！」劇組和共同演出者都深深地這麼覺得。

藉由感受臨場感，深入欣賞電影、連續劇，更能讓自己融入製作群想要表達的理念。一方面是作為閱聽人的樂趣，另一方面則是細究「這個場景用了多少分鏡完成」，或「為了拍攝這一幕，竟然還到那樣的地方取景」……的另類樂趣。

雖然電視劇或電影不乏許多無趣的作品，但是製作現場卻是如此辛苦、不厭其煩地一遍又一遍重複拍攝作業。所以，就算覺得不喜歡，給予他們一些應得的敬意也是種尊重。我想這樣子的器量，一定能夠幫助我們開拓視野。

正因為像幕後花絮這種類型的紀錄片，能夠以最自然的方式呈現各行各業的人們，對於工作的熱情與執念，因此我十分推薦各位把「花絮」當作理解模仿對象的捷徑。

辯證思考法① 歡迎對立、多找麻煩

「辯證思考法」，是「比較法」的延伸型。

在名稱上或許有些過於誇大，但若能夠精通此法，往後在釐清思緒上必不會有什麼大礙。所謂的辯證（Dialectic）即是對話（Dialego）之意。簡而言之就是「對話式的思考」，不過，這裡所指的對話並非一般日常裡的閒談。

例如，有一個人提出「致勝不可缺少的東西是：強韌的精神」這樣的命題（Proposition）；而另外則有人提出「致勝不可缺少的東西應該是：技術」這樣的反命題（Antithesis）。

如此一來，兩者之間就形成了矛盾與對立，但是「矛盾」在辯證法之中，卻是受到歡迎的存在。因為，**有矛盾才能激發思考的本能**。

確實，在意見一致的會議中，是不需要動腦的。若世間沒有問題產生，就沒有必要用腦。

正因為有矛盾和思考的存在，才能夠迫使我們提出自己的想法並和他人討論。也就是說，正因如此才讓腦部活躍起來。

可試著嘗試對日常生活中經常出現的麻煩與困境提出反論，藉由解決反論可以讓自己往正面積極的方向前進。

倘若能夠藉著議論整合舊有觀念，同時去蕪存菁，從中揉合出新的觀念，就能夠到達「揚棄」（Aufheben，編按：常見於哲學中的矛盾詞，一方面捨棄舊有狀態，一方面又進一步保存舊狀態的精神和精華）的境地。

事實上，正在成長階段的企業，是無法避免抱怨和麻煩的。倒不如說，唯有透過解決這些問題才得以改善既有體制，迎來長遠的成長。其中有不少公司，會對那些出言批評的顧客回贈謝禮。

先不談惡意的批評，對於企業來說，批評與意見都是貴重的東西。若把這些批判，視為對自家公司長久以來經營策略的反論，也就是所謂的反命題來看，就可以很自然地浮現「如果這樣改善的話如何呢？」的想法，進一步地迫使自己思考新的點子與方案。

圖2-2 從對立、矛盾中思考

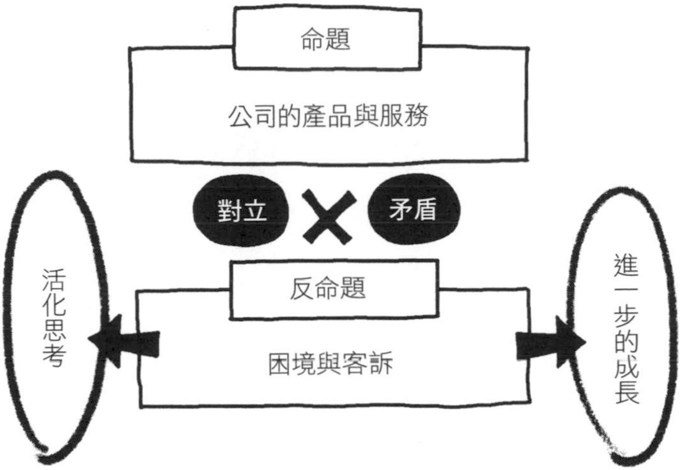

反論，可以帶領我們從不同的角度與思維看待舊有事物，並從中發現新的想法。

即使在求學階段，這類不易察覺的問題點也不少。

我們只需要每次重新審視體制和規則，並對癥結點進行調整，以此避免錯誤重演。雖然，無法每個人都欣然地「歡迎」麻煩，但是至少「問題」能讓我們保持直覺與思慮敏銳度。

我想，無論是什麼樣規模的公司行號，都是這樣不斷地在錯誤中學習、一步一步茁壯起來的。

「辯證法」或許聽起來有些困難，但實際上我們不需要過度探究。對大多數的人而言，比起鑽研哲理，能夠在遇到問題時藉由辯證法、冷靜地接受「這就是反論」，才是它最有價值的地方。

辯證思考法② 運用在運動或武術鍛鍊

若提到能將辯證法解釋得淺顯易懂的書籍，就屬日本語言學家三浦勉撰寫的名著——《辯證法是什麼樣的學問》（暫譯）。當中有這麼一段：「量的變化帶來質的變化，同時，質的變化也帶來量的變化。」

作者想要表達的是：乍看之下，「質」與「量」或許給人完全相異的感覺，當消耗到某種程度的「量」時，「質」也會隨著增加；反之亦然。書中稱之為「質量互換」。

深受這本書概念影響的空手道家——南鄉繼正先生，在拜讀過這本書之後，立刻就將書中的技巧運用在武術訓練上。在其著作《武道的科學》（暫譯）中提及：「所謂的鍛鍊就是指，當不斷累積『量』時，『質』也會有所進化。」言下之意即是強調練習的重要。

我曾經學過武道相關的技藝，因此在閱讀此書時特別有感覺。尤其是，「將辯證式的思考運用在武道中」的章節內容，讓我萌生了探討辯證法與武道是否能夠相互應用的念頭。

最早將辯證法的實用性展現在世人面前的，是德國哲學家黑格爾（Georg Wilhelm Friedrich Hegel）。

在其著書《精神現象學》（*Phänomenologie des Geistes*）中闡明了，人類的精神世界是因世間諸多矛盾才得以進化。我們在人生中面對的所有矛盾，藉由辯證法不斷地超越，最終歷經考驗，才得以完全今日的精神。

然而，我們不需像哲學家思考到這般地步。只要在日常生活中留心觀察，不難發現讓你覺得具有「辯證」影子的事物。例如前文提到的足球，就是顯而易見的例子，經過無數場的較勁，不斷地修正戰術與失誤，足球持續地進化，進一步帶來了瘋迷全球的足球熱。

辯證思考法③找正確解答，要勇於「唱反調」

無論哪一個業界，都處在相互比較的「矛與盾」競爭之中。當產業中的其他公司提出新商品或服務，對於自己公司而言，就是所謂的「反命題」。更不用說這個東西還包含自家產品、服務所沒有的優點，若不盡快思考相應對策將會使公司陷入危機。

當然，若只是模仿或抄襲是不會被世人接受的。但選擇無視也不是辦法，唯有試著學習其優點並改善自家商品，開闢出屬於自己的道路才是最好的方法。看似很困難，況且想出更優秀的點子，原本就不是一朝一夕就可以辦到的事；倒不如說，有任何一個反命題能夠提點出有用的想法或契機，就該謝大謝地了。

其實，公司內部的會議肩負著孕育反命題的重要使命。有時，故意在會議上提出反對意見，其實是為了讓大家能夠藉由矛盾，激盪出最佳方案而使用的手段。

從上位者的角度來看，藉由煽動部下間的競爭心，從爭論之中得到正確答案的方法，的確是最快速、有效的。

但是，絕大多數的公司都有「少惹事生非為妙」的觀念，當某一意見的支持人數較多時，願意站出來提出相反意見的人可說是少之又少。甚至可以說，為了不引起紛爭而故意對不同意見或想法視而不見。

在這種場合若要提出相反意見，可以試著用較婉轉的方式表達，像「這就是我提出的意見」。不過，先行否定他人的講法，如「你的想法是不正確的」當然不能用，試著改為：「雖然我覺得整體是這樣子沒錯，不過……」，或是「其他人還有這樣的想法」等較容易讓人接受的說法，既不會傷害彼此感情也能夠大膽地提出自己的看法。

現象學思考法①拋棄偏見，才能找出問題核心

研究所時期，我的研究領域是「現象學」（Phenomenology），主要是一門探究意識本質和先驗（A priori，在拉丁文中指「來自先前的東西」，即無需經驗或先於經驗獲得的知識）關係之學問。

而現象學的概要即是——**捨棄臆測和主觀，專注於觀察現象的本質**。如此一來，多少就能夠察知到問題的核心。

舉個例子，若是對你說：「請試著畫顆蘋果」，我們多少都能夠用手繪出蘋果（先不論好壞）。之所以可以毫無困難地畫出蘋果，是因為我們腦中已經存在蘋果的樣子。但是，現實中的蘋果不盡然都是同個樣子，每顆蘋果都有各自的紋路、色澤。也就是說，我們根本沒看到蘋果的本質。

而職業畫家之所以能夠被稱為專家，是因為他們能夠看透現象的本質。對眼前的事物進行觀察，從中發現「原來也有這樣一面」，接著再將這份感嘆的經驗如實

地描繪出來。極其樸實地畫出觀察到的現象，盡可能地讓它像一顆生活中隨處可見的蘋果，呈現在世人面前。也因為我們不曾如此細微地觀察單一現象，所以才會覺得畫家的畫作竟是如此平凡卻又驚為天人。

在日本古典短詩──俳句中，也有相同的奧妙。以作家松尾芭蕉的名句：「靜謐群石間，蟬鳴流響出疏桐。」（原文：閑さや岩にしみ入蝉の声）來說，「蟬的叫聲反而讓寧靜顯得更加突出」、「就好像滲入了石中」這樣子的現象和感觸。

原本是日常隨處可見的風景，只是多數人都不曾留意，但僅僅透過一句俳句，就能夠讓人體會到生活中平凡景色的趣味之處。現象學式的研究法，追求以人的經驗連結「我思」和「所思」，並從中找出共通性。

例如，我們時常在電視或日常會話中聽到「外國人」，就是非現象學式的說法。因為每個國籍和民族所說的話語、樣貌都不同，而僅用「外國人」這一個詞彙涵蓋這群人，可以說是思考停滯的表現。

當然，並非只有我們如此，歐美也以「東亞」概稱中國、韓國、日本……而且普遍認為這一個地區都是經濟實力雄厚、很有創新能力，總是能夠替世界帶來許多令人意外的產品。

無須多問就可以明白，日本人、中國人、韓國人之中大概沒有幾個人會覺得彼此是相似的一群。這就說明了，以「東亞」概括在現象學中，是不合理、缺乏通性的存在。

若是再三審視這些不合理現象，就可以察覺：「這個國家的人和另一個國家的人並不相同」，而「在一個國家之中又有各式各樣的人」……這樣看似簡單、理所當然，卻容易被忽視的結論。從眾多相異、變數之中，尋找現象的通性正是現象學的本質。

現象學思考法② 找新觀點？常換「舊標籤」

回顧至今的人類歷史不難發現，當中不乏許多違反現象學宗旨的行為、非理性且毫無寬容，因而導致戰禍幾乎橫貫了整部人類史。

古西洋（希臘）把異名族稱為「野蠻人」，也就是「說著聽不懂的話的人」之意。不僅西方如此，古中國也將周圍的異族蟣稱為「夷狄」。無論在哪一個地區，總是充斥著戰亂與紛爭，這是眾所皆知的事情。

而上述這些紛爭不斷的地區其共通點就是：擅自替他人貼上標籤，讓自己陷入盲目中。倘若能夠三思、謹慎對應，想想更多可能性：「這個異族和我們的想法應該不會差太遠」、「馬上把他們視為威脅有些輕率」……結果或許會有所轉變。

拉回主題，在我們身邊替人「貼標籤」的事情還真不少。像是「普遍認定女生就該是某個樣子」或「這種事女生做不來」等刻板印象，也是貼標籤的行為之一。或許從前真的是那樣，但是現代女性經過長久的成長與蛻變已不同以往。像是，許久之前還沒辦法想像的女子馬拉松比賽，現今卻已成為奧運的既定賽事。**捨棄先入為主的觀念，才能將不可能化為可能**。

同理，年長一輩批評年輕世代為「草莓族」、「繭居族」（編按：不出社會、不上學、不上班，封閉自我地生活著）也是貼標籤的行為，他們如同旁觀者一樣、從最表象的地方評斷年輕一代。然而年輕人必定說：「只用一個『草莓族』來概括所有人，其實並不正確。」

依我長年和學生相處的經驗來看，每位學生都不盡相同，絕對不是簡單的「草莓族」就能代表。僅憑自己周圍為數甚少的樣本，就斷言所有人都是如此，是無法看清事物本質的。

雖說如此，但在某種層面上，標籤可以說是一種指標，如果失去這項指標將會產生諸多不便。而且，就算你要求別人不要亂貼標籤，也不會有幾個人聽得進去建議。

因此，要懂得運用現象學中最重要的處世態度——**自己更換新的標籤**。不要立刻相信世間認為理所當然的既定標籤，也不要停止思考更多的可能。倘若發現標籤與實際上有所差異，就立刻撕掉它。

另一個辦法，追根究柢地探究固有的標籤。不久之前，曾有一本暢銷書《媽呀！好個B型人》（Jamais Jamais著）。用血型替他人貼標籤，並不是什麼罕見的事，雖時常被人譏笑缺少科學根據，但是這本書卻賣得意外的好。我推測或許是因為以下兩個理由。

首先標榜著「說明書」，並非單純評論「B型人」，還進一步教導其他人該如何與之相處、造成「同理」。而另一個吸引人的地方是，從最細微的地方觀察「B型人」，絕非只是道聽塗說，而是鉅細靡遺、具體性的分析。雖然可靠性有待商榷，但是因為少有人留心觀察的細節而感到有趣的人，肯定不在少數。

若能夠將標籤當作看待事物的新觀點，那麼這個標籤就具有意義。

現象學思考法③觀察後，用自己的話「輸出」

想要快速學會現象學式的思考方法，最佳的方法就是「輸出」所見所聞，也就是試著把內容展現出來。例如，小說家和藝術家可說是「輸出」的代表行業。

在村上春樹所著的《我每個清晨醒來，只為了能夠看見夢》（暫譯）中，有這麼一段話：

我喜歡藉由觀察周遭的人們，來創造作品中的人物。我是那種不太喜歡和別人談天的人，反而比較喜歡當一個傾聽者。通常只是從旁觀察人們的言行舉止，盡量避免對他們下評斷。

更重要的是，思考他們對事物的看法與之後他們究竟要前往何方。

其實，日常中我們也在觀察許多事物，若獨自一人出外旅行，想必又能看見更多的東西。不過，要是在觀察時已經帶著先入為主的觀念，即使是嶄新的事物也會蒙上一層灰，使人無法看見實際的情況。

無論如何，**在沒有先入觀念的狀態下，接受事物原本的樣貌，會改變事物「輸入」進來的想法，進而對未來「輸出」的質量產生不同的結果**。

值得注意的是，若腦中輸入的印象只停留在「好有趣」的程度，那麼這份感觸最終將會風化。或是，只要輸入新感想就很容易被覆蓋過去了。

為了防止這種事情，最重要的就是**「輸出」自己的想法**。當然不必到寫小說的地步，可以利用平時常用的部落格、日誌甚至短訊，以「和他人分享」為前提，仔細觀察、記錄所見所聞，如此一來這份感觸也更容易記住。

知名漫畫家手塚治虫先生，在孩提時代相當喜愛描繪昆蟲，時至今日還保存著當時的昆蟲素描。即使是畫昆蟲，就算是同一種昆蟲也有各自的樣貌。想必手塚先生當初也是鉅細靡遺地觀察其中的差異，而發現不少樂趣，才會如此痴迷於昆蟲素描。

自然界中的昆蟲，各自有屬於自己的花色、特徵，若據實地畫出這些特徵，每一幅畫看起來自然都不同。但是，我們往往都只是將飛蠅認為是飛蠅，將蚊子認為是蚊子，更甚者，將蚊、蠅以一個「蟲」字概括也大有人在。不單是沒有察覺到其中差異，更毫無探索的意願。而對於細節的洞察力與濃厚的好奇心，就是頂尖優秀的人才與一般人之間最大的差異吧！

既然如此，我們也可以像手塚治蟲先生一樣學習繪畫，無須在意畫得好不好。只要試著畫些喚起你回憶童年時光的事物，仔細觀察、好好地畫出來，感受畫圖本身就是一件十分愉快的事。親身經歷，便不難理解為何孩子們如此熱愛畫圖。而且，過程中也可以培養對事物的敏銳度和專注力。作為「輸出」感覺的練習，可說是最佳首選。

現象學思考法④常保赤子之心，看見新商機

現象學中最重要的是，時常保持對世界的興趣及探索的慾望。在這層意義上，我們應該向孩子們學習，找回純真的感性。他們常會對大人提出各式各樣「為什麼」的疑問，即使那個問題我們根本不曾留心想過。

從孩子的角度看舊有的世界，也能有不同的風景與體驗，因而再次探索這個世界、尋找新的靈感。市面上有過一種熱銷商品——蝸牛面膜，這種面膜是以蝸牛的萃取精華所製成。但是只要想到蝸牛黏答答、溼滑滑的觸感就這麼敷在臉上，無

論是誰都會覺得不舒服吧。

不過，在我實際嘗試後卻徹底改觀了，它所帶來的清爽感實在難以形容。不僅肌膚感受到保養品滲入，而且疲憊感也神奇地消散了。當然，這項商品原本是專為女性開發的面膜，不過，拿來作為消除一整天疲勞的舒壓道具也相當不錯。

那麼問題來了，這項商品是如何誕生的呢？一般而言，對蝸牛感興趣的大概只有小孩子而已，大人們應該看都不會看一眼。即使看到了，只會有「很稀奇」或是「很噁心」等貧乏的感想。

但是，想必有少數的大人對這樣的小東西感到興趣。雖是個人推測，不過我猜想，發明這項商品的人應該有仔細觀察過蝸牛爬行的樣子。嬌小的身軀竟能夠攀爬在垂直的樹幹上，想必十分震驚於它驚人的吸附力。或許，接著就想到「這個可以運用在面膜上吧……」。若真是如此，催生這項商品的大功臣可說是孩提時代的那份赤子之心。

雖然，無法得知這項商品究竟運用哪些技術、做了什麼測試，不過我始終認為，這是運用現象學中推崇的「觀察」所帶來的結果。

系統式思考法① 職場人三基礎：準備、通融、回饋

接著，還有另一個重點要與各位分享，那就是「系統式思考法」。

有關大學入學測驗的分數採計、批改工作，多是由學校裡的教職員們分工合作進行的，不只工作量龐大還很辛苦。因此這項工作的訣竅在於，如何有效分配工作份量。若以小組為單位進行批改，就能減輕時間上的壓迫感。

但是無論如何防範，工作進度都還是會受到工作內容的難度和小組人數的差異，而產生不同調的情況。先行完成工作的團隊就能夠中午準時用餐，甚至還有額外時間喝上一杯咖啡；而進展陷入僵局的團隊，可能連中餐都只能草草了事，只求趕緊完成手邊工作。

不過，也不能放任整體進度落後，當先完成的團隊再次加入時，整體的速度就會顯著提升。有鑑於我時常被分配到工作內容較吃緊的團隊中，當其他人支援時，往往都有種得救的感覺。

不只是因為人數增加感到安心，而是那種「同甘共苦」、全員一起奮鬥的氛圍，讓所有人都被激勵了。尤其是當工作告一段落時，相互讚許彼此的那一瞬間，實在讓人感動不已。

原本這樣的場景，無論在哪一個職場都是稀鬆平常，工作迅速的團隊完成工作後支援進度落後的組別，這樣的互相支援體制並不少見。

但現今工作絕大多數都是長時間面對電腦螢幕，能夠說上幾句話的機會並不多。就算有誰加班到很晚，也因為不了解他的工作內容而無從幫忙。無形之中，沉重的負擔和孤獨就會形成壓力慢慢累積。

因此，我建議當手邊工作完成時，記得適時地向周圍的人問候一聲：「有沒有需要幫忙的呢？」以後當你有需要時，別人就會不吝嗇地提供協助。這樣的關係有些近似於從前，鄰居間相互借還柴米油鹽的情況。坦白說，這樣願意幫助他人的氣度，是現今社會人不可缺少的能力。

所以，我總是勸告準備出社會的學生們和社會新鮮人，「在社會上打滾，別忘了準備、通融、回饋三項重點。」無論是什麼樣的工作，「事前準備」絕對不可怠慢。同時，待人處世上「懂得通融」，從中獲取經驗回饋，往後將這份經驗活用於職場中，必然有所成長。

僅僅透過一句「需要幫忙嗎？」就能夠展現通融和善意。雖是一個簡單的行為，但是對於增加小組間的認同與信賴感，將有著絕佳的良性影響。

系統式思考法②宏觀鳥瞰，找問題

不過，以組織的角度來看，過度「通融」並不是一個好方法。因為這麼一來，會無形中累積部分工作者的負擔。因此，組織必須要確立通融的尺度和準則。

想要建立體制就需要系統化的思考。我曾和負責籌備東京奧林匹克的委員、日本實業家——水野正人先生探討過這一點。其中，水野先生不斷再三強調支援體制的重要性。

倘若僅因個人問題而導致整個進度落後，便不配稱為「組織」。組織中應當具備無論發生什麼樣的意外，都有一個可以讓成員相互支援的體制，才算合格。

然而，我們往往會過分執著於個人特長，這些個人特長固然有其一定的重要性，但是一個人要能夠在特長業務上有所建樹，必然需要團隊支援和許多的策略跟規畫。

如何培養能夠提供後援的團隊，才是組織的核心重點。

在公司組織中，若是一味關心自己的團隊，便容易和其他小組產生摩擦。但是**若能將公司全員視為「團隊」，即使發生衝突也得以做出最適當的判斷**，這就是所謂的「系統化思考」。例如，學校裡某個學生發生問題，當下不應該從他個人身上尋找問題，應該要從他在學校的行為舉止、交友狀況、家庭狀況等較為概觀的地方著眼才是。

回顧歷史，也有許多以宏觀視野鳥瞰問題的人，這些人往往都是造就歷史的人物。例如，比起短視近利著重番邦自身利益、而著眼於國家未來的江戶幕府末年思想家——吉田松陰；或是為了日本長遠未來而選擇背離幕府的政治家——勝海舟，都是擁有遠見的人物。而這種能夠宏觀地鳥瞰問題的能力，正是找到問題點的關鍵。

系統式思考法③簡易圓圈、箭頭，發現難題源頭

美國管理學家彼得・聖吉（Peter M. Senge），在其著作《第五項修練》（*The Fifth Discipline: The Art and Practice of the Learning Organization*）中，提到的重點即是將系統**圖像化**。

當遇到問題時，如果以挖掘的方式依序寫出癥結點，最後勢必能夠依循問題回到起點。也就是說**所有問題都是相互關聯、環環相扣的**。像這樣子，清楚整理出問題原因和結果的因果關係，可說是系統式思考的基本思考方法。

具體做法是，先寫出問題並在其周圍加上圓圈和箭頭；接著，寫出這個問題

圖 2-3　畫出因果，找源頭！

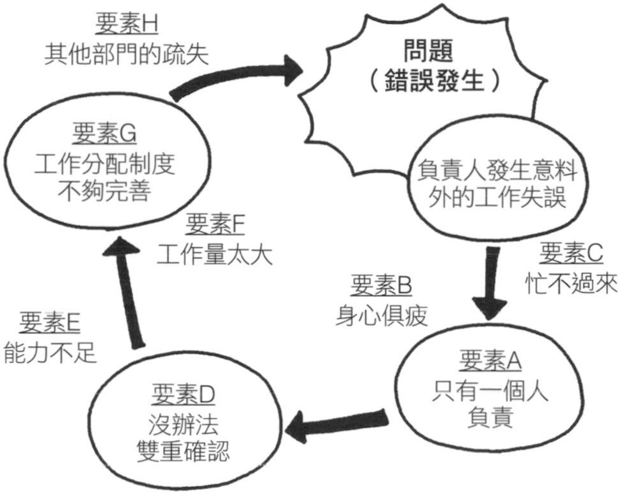

帶來的影響。大致上，像這樣子不斷地寫出問題、再寫下影響，最後形成圓環。剛開始或許會不知從何下手，但是只要一邊整理大致情況、一邊寫下來就可以了。

依我的觀點來看，進行這項工作時，最好三到四個人一起討論。

舉個例子，如果把俄羅斯作家杜斯妥也夫斯基知名的長篇小說——《卡拉馬助夫兄弟們》（*The Brothers Karamazov*），其整體關係圖像化，一個人確實能夠做到，只是要耗費相當多精力與時間。但若能夠集思廣益運用大家的智慧與意見，就能夠減少負擔。此外，善用白板等道具，也能夠提高效率和理解度，如此一來，想必能夠畫出一張優秀的問題因果圖。

基於上述理由，強烈建議大家往後若是在工作上遭遇問題，先試著圖像化問題的前因後果，切記不要一個人埋頭苦思，試著和其他人一起討論，透過意見交換也能避免盲點。

在繪圖時，盡量避免採用條列式的方法整理問題，應當**採取繞圈循環、以箭頭為輔的方式製圖**，可直接參考上頁圖2-3。雖然一開始會覺得困惑，但在進行這項工作的同時，也活化自己的思考。一邊嘗試錯誤、一邊修正，最後得到的就是問題的概觀全覽圖，藉此掌握問題的全盤樣貌。

系統式思考法④ 答案就藏在「關聯」中

所謂的系統思考，換言之就是以「形式」（格式塔，Gestalt）看待事物。不是著重於問題關鍵，而是**問題與問題之間的關聯性**。

格式塔學派認為，人對事物的感知不單只有從形狀、大小和色澤判斷，而是包含過往的經驗、印象，最後才形成我們對事物的具體認知。也就是說，人腦的認知是具體、全面性的。

當我們聽到一個單音，不會認為那是一首曲子，但是當許多的單音組合在一起時就能夠形成旋律、樂曲。換句話說，被視為旋律的必要條件就是以整體性的觀點去看待每個音階，而非分散、獨立的審視。

想要證明大腦思考是全面性的，其實答案就藏在卡拉ＯＫ常見的功能中——改變音調的效果。無論我們如何提高音調或是降低音調，還是可以認出那是同一首曲子，不會因為單音的變化而影響對旋律的整體認知。

有一種精神疾病療法——家族治療法（Family therapy），正如字面上的意思，該療法不單只從患者身上尋找病徵，更從病人及其親屬間尋找病因或線索，並試圖藉由調整他們的關係，改善病患狀況。因此，假使能夠靈活運用全面審視事物的思考法，可以幫助我們看得更遠。

在家族治療法中，不僅是患者本人，配偶及親屬都必須接受治療諮詢。舉例來說，當一個孩子出現精神官能症的傾向，透過詢問其母親「平常，妳都是怎麼跟孩子說話的呢？」往往可以發現，答案就藏在母親的回答當中。

有時母親在無意間對孩子說的話，會對孩子形成意想不到的壓力或是間接使他討厭上學。在了解這一點之後，藉由改變母親說話方式，或許就可以有效改善孩子的心理狀況。

我在大學時期就認為，從事物彼此關係中找尋世界觀點的思考法，應該在學術中有所推廣才是。

東京大學名譽教授廣松涉，可說是哲學研究領域中的先驅，其著書《事、物、語言》（暫譯）給我相當大的啟發。一般人在看待事物時，都是先被外在可視的「現象」吸引，之後才會意識到不可視的「本質」。簡而言之，**世界本身是充滿「現象」的存在，而「本質」則融入其中**。

舉例來說，手錶的用途就是為了具象化時間的「流逝感」而存在。當中又有許多不同的種類，從精準的電波式到高價的自動上鍊式手錶，而手錶這一「現象」本身的價值，也會隨著使用的材料（本質）而產生相當大的差異。

此外，提出，「認同」（Identity）概念的心理學者——艾瑞克・艾瑞克森（Erik H. Erikson）同時主張，「相互性」（Mutuality）的概念。人身為父母而有所成長，是因孩子也在成長的緣故，兩者的關係是相互的。從夫妻的角度而言也是如此，因為擁有彼此才能夠成為夫與妻的關係。

也就是說，人自身的成長是相互影響、會隨著自己與他人的關係而產生變化。若是能夠理解這層相互性的關係，看待事物的角度就不再侷限於單一事物，而是更宏觀的審視。

即使眼前的某人正處於暴跳如雷的狀態，也能夠明白他並非與生俱來就如此暴躁。有可能是在環境、家庭、人際關係等諸多負面影響的壓迫下，造成這樣的性格。簡單說，造就一個人的性格因素，其實有一部分來自外部環境的影響。因此，若用「天命論」的觀點來評斷一個人，豈不有失公允？

別光站著，選一個「武器」、熟練運用！

我曾受邀參加一個現場節目，內容大致是為了準備就業的年輕人，講解社會人在交際時的各種狀況和對應技巧。

我在節目中特別提到：「聽別人說話時，身體要自然、些微地傾向對方。」如此一來，自己除了比較容易專注在話題上，同時能夠讓對方感到被尊重而較能暢所欲言。這並非是遣詞用字或是儀態等需要磨練的複雜技巧，而是無論是誰都能夠馬上運用的簡單竅門。

在稍後的問答時間中，坐在後排的一位同學起身向我提出問題，但是過程中，在場沒有任何一位同學把身體朝他的方向靠過去。

待我解說完，我向其他人說：「今天的主題提到，『認真聽別人說話時，身體要朝對方靠過去』，可是剛才卻沒有人這麼做。**如果現在就辦不到，不用想像十年後的你會突然可以辦到**。也就是說，我剛才所說的那些長篇大論，大家雖然聽進耳裡，卻都是沒有意義的。」

話語固然有些嚴厲，但是這些學子們再過不久就要步入社會，如果沒有絲毫自覺可不行。被人訓導後馬上有所領悟，然後即刻實踐是很根本的原則。如果無法實踐，任憑筆記寫得再漂亮都沒用。

之所以會與各位分享這一插曲，是因為和這章節有些關聯。本章介紹了許多方法，**但如果只單純將這些概念以知識理解，就完全沒有意義。能否實際運用、長久使用這些思考技巧才是重點**。

換句話說，其實根本沒有必要精通章節裡所有的思考方法，只要**從中選一個你覺得適合的即可**，不要只杵在武器庫旁邊，選一個「武器」、把它用到熟練吧！

若以運動和武道來說明應該更好理解，在這兩項活動當中，比起通曉所有技藝，擁有一項超人絕活的人反而比較有利。尤其是在敵我對陣的情況下，兩者之間的實力差距，可說是高下立斷。

第3天

邊框思考、使用釣鉤、問問題、套概念……立即放大你的能見度！

承蒙讀者厚愛，拙作《輕鬆聊出好交情》登上了暢銷書排行榜。身為作者當然很高興，但也驚訝地發現，竟有那麼多人為了日常生活中的「聊天」而煩惱。

確實，聊天跟談生意這種已經決定好內容的談話不同，雖然隨興，但在不經意的談話間卻可以看出真正的人性，甚至一個人的知識與能力。

每個人聊天的目的，都想盡可能地給對方一個好印象。這時最重要的，就是「自我想法」。如果沒有一定程度的知識，在聊天時就無法順利帶出話題。但是，舉例來說，就算把當天的新聞報導從頭到尾讀了一遍，會話也無法因此成立。畢竟報導可以當作話題，但要適度加入自己的見解或觀點，才能構成聊天的要素。關於評論的能力，我會在接下來的章節中詳述。

一個詞彙，放大你的能見度

在所有**溝通能力中，最重要的是「詞彙力」**。因為如果沒有豐富的語詞，就沒有辦法流暢、詳盡地表達自己的意見。相對地，如果談話中能夠選用知性的詞彙，當然能給人一種「聰明」的印象。

舉例來說，透過訪談節目，可以了解公眾人物的知識深淺。電視上常見到的性感女演員——壇蜜小姐，我在偶然間看到她受訪後回答：「這個算是辯證法吧。」記得當時我嚇了一跳，因為現在的日常生活中，其實不常聽到「辯證法」這個詞彙，相信有不少學生並不了解這個詞意。但壇蜜小姐卻能夠輕鬆說出，我想這也是她的群眾魅力之一。

此外，詞彙在電視節目中也占了重要的一席之地。近幾年的綜藝節目，不時插入字幕、作特殊效果使用。不過，不單是把演出者的話依樣畫葫蘆呈現而已，若是特別有趣、能夠炒熱氣氛的詞彙，往往會在畫面上放大顯示，充分發揮字幕的輔助功效。

正因如此，老是只說「好好笑！」、「超棒的！」、「真好～」等簡單詞彙的偶像們，說出來的話通常不會做成字幕。而言詞特別幽默、犀利的人，往往深得節目製作人的青睞。

看電視、聽廣播，提高語言品味

那麼，我們要如何增加所知詞彙呢？

事實上，最好的途徑是留意閒聊時經常聽到、用到的話。當然，透過閱讀等「輸入」的方式雖不可或缺，不過單憑如此並無法融會貫通，唯有試著隨意拼湊說出口，才能夠化為自身所學。

因此，首先在普通的對話中，試著留心具備知識性的關鍵字。話題本身不需要多有深度，不管談論什麼主題，都可以嘗試找出新的關鍵字。

例如聊寵物話題時，光只重複「好可愛～」，是很難構成有建設性的對話的。雖然可愛是事實，但問題在於**如何將其充分表現出來**。在這樣的思考模式下，就能夠有效掌握新詞彙的存在。

日常生活中的電視節目，也是鍛鍊詞彙力的重要管道之一。

綜藝節目的錄影時間，通常是播放時間的兩倍長，因此播放出來的內容，可說是**節目片段在競爭之後留下的精華部分**。這代表了我們在電視上看到的台詞，皆可說有其價值的存在。

綜藝節目中會選擇播出的台詞，主要區分為兩種。一種是能跟上時事的內容；另一種則是會讓觀眾感到敬佩、同感，又或是某些能夠成為提示，使人意識到其他事情的類型。無法掌握兩者中任何一項的藝人，很可能就會被剪輯成在節目上連一句話都沒說，甚至下次開始就不會被發通告的人了。

若平常總是漫不經心地轉著電視，或許很難留意到，但如果是以這樣的角度去觀看電視節目，就能夠有效磨練、篩選自己使用的詞彙。

此外，廣播節目也是相當推薦的一個項目。與電視上的節目不同，廣播節目的談話內容與說話方式，都與日常對話較為相近。在公開場合卻有著私人談話的氛圍，是很特別的節目型態。正因如此，仔細聆聽就能夠察覺其中的關鍵字，並有效鍛鍊談話中選用詞彙的品味。

當然，鍛鍊的過程並非偶然。畢竟廣播節目的型態，必須用最清楚的話表達自己的感受。也就是說，在節目上，**語言品味是你唯一的武器**。如同前述的綜藝節目，只有在談話競爭中勝出的人，才有資格上節目表現，其中的話術當然值得參考借鏡。

舉例來說，前陣子偶然收聽到TBS廣播節目《小木矢作是眼鏡控》（編按：由搞笑組合小木矢作兩人主持的廣播節目），意外發現投稿者的言語都十分犀利且精準，令我著實感到驚訝。

因被節目中的話題吸引，我不禁專心聽起搞笑諧星小木與矢作兩人的對話。或許是受了談話內容的影響，我發現收聽廣播節目這件事，講得誇張一點，就像讓耳朵接受言語的洗禮。

在朋友間的對話中，有時會出現高水準的詞彙或用法，不可諱言地，就是受到電視或廣播節目的影響。

因此，持續收聽廣播節目，就是一個學習大量知識詞彙的機會，可說是近似於閱讀的體驗。

事實上，我以前曾聽自由播報員（Free Announcer）生島博提到：「在廣播上介紹過的新書，都會賣得很好。」確實，會聽廣播節目的人跟會買書的客群之間，從言語就能夠吸收印象跟新知這點，有著一定的共通模式。能夠透過字詞在腦海中化為影像，可說是極具知性的步驟。

將耳朵聽到的，用自己的話傳達

想當然耳，即使再怎麼大量觀看電視或是收聽廣播節目，都無法保證自己的詞彙、文學造詣會有所增長。不過，給自己找一個課題，然後時常謹記在心，隨時檢討自己是否有做到要求項目，才是最重要的一點。

如果平時有聽廣播節目的習慣，可以先嘗試投稿到節目中。拜現代科技所賜，如今只需要動動手指即可輕鬆地透過電子郵件或簡訊投稿，相當方便。但也不是只要投稿就必定採用。至於該如何書寫投稿內容，其實只需要稍微從節目中的內容借鏡即可。

不過，當自己開始有些想法時，大概又得煩惱該如何表達、怎麼樣表現，才能讓自己的話顯得有爆點或是說服力，甚至想要開始想些搞笑橋段。就算沒有辦法做到讓大家哄堂大笑的地步，至少盡力讓自己的文章不會太過幼稚、不純熟。在無形之中，這樣的過程就會鍛鍊我們遣詞用字、知性的靈活度。

倘若真的沒有投稿的勇氣也無妨，試著把電視、廣播中聽到的事物分享給周遭友人，也不失為一個好辦法。當然，**試著以自己的話說給別人聽**才是最重要的。如果能夠讓對方聽了你的話後感到吃驚，就算成功了。如果對方露出「你到底在說什麼呀」、「完全抓不到笑點」的表情，甚至顯現出有些尷尬、為難，就代表你還得繼續加油。

如果一開始就以磨練自己為目的，那麼對於廣播內容的理解也會有所改變。想要讓自己的投稿被採用，就必須顧慮到「對方的傾向以及提出對策」。能夠準確地掌握——對什麼樣的人、說什麼樣的話，才能清楚、自然地告訴對方「自己的想法」。若是想要磨練自己的詞彙與悟性，多聽廣播來加強自己對言語、辭令的敏感度及判斷能力，會是非常好的方法。

想要清楚淺白地將內容傳達給別人，必須學會如何將接收到的內容轉為自己的話，如此一來，才能不遺漏任何一個重要資訊。這些能力都是向他人傳達自己意見時不可或缺的。

準備一些「小故事」

我曾經和東京大學的齋藤兆史教授，一同合著出版了《日語與英語能力》（暫譯）。根據齋藤教授所述，日本人對於知識討論等表達自我的談話，格外地不擅長。絕大多數的日本人都無法順應情勢，滔滔不絕地提出讓人感興趣、有討論空間的話題。

不過，要是因為找不到話題就噤口不言，只會讓自己顯得缺乏主見，甚至可能因此失去表達意見的機會。

因此，齋藤教授建議我們：**善用「聯想」**尋找一些可以用在各類談話中的話題，並在對話即將陷入僵局時，適時地藉由「話說回來，聽說還有這種事呢……」，這類用語帶入先前準備好的話題。正因為是和之前的談話沒有關聯的話題，才能夠毫無違和地插入到談話中。

準備的內容愈適當、提出的時機愈正確，就愈能夠提升自己的能見度及價值。這麼一來，在之後的對話中就算只當一個傾聽者，也不會顯得沒有份量。適時地推動話題，甚至還有可能讓你得到「剛才的救援還真是到位啊，多虧有你才能讓話題繼續下去。」這樣子的稱讚也說不定。熟練地運用這個技巧，想必就能很輕鬆地融入或是推動話題。

不單是前文提及的廣播，雜誌與新聞都是話題的寶庫。若是為了找尋話題或是對話中能派上用場的小知識，而去接觸的話，也有助自身吸收力的成長。

其中最重要的一環，是學習如何在他人面前適當地提出話題。

我曾在大學的課程中，要求學生們四人為一組，每人個別進行三十秒的雜談。如此重複了幾輪後，話題的內容逐漸趨於無趣、單調。而為了避免遭遇到這樣尷尬不已的窘境，便需多方接觸且深入了解學、知識，並將它們融會貫通，直到能夠說得有趣又不失內涵的程度。

這一個方法也有助於統整自己的想法。倘若是一、兩個小知識，確實可以當作在日常生活中無意間知道的東西。**但大量的知識與學問，就必須得自己覺得有趣，才會積極地去尋找**。收集到一定的程度，「自我」的色彩就會愈顯濃厚。自我風格愈是明顯，就能夠找到更多獨具特色的話題，同時幫助我們更加有自信地在別人面前表現自己。

對於雜談、冷知識，人們還是有一定的興趣。像是國、高中時，能夠在課堂間娓娓道來各種光怪陸離的異談、或是罕為人知的雜學跟常識的老師，通常很受學生們喜愛。

邁入社會時更是如此，在會議開始前聊著雜談、趣事以幫助緩和緊張氛圍。這麼做並非為了彰顯自己的博學，而是讓旁人不自主地認為我們不僅風趣，更是能幹、特別的人。

「邊框化」思考，平凡變不凡

當我在欣賞一幅畫作時，會同時留意點綴在旁的畫框。因為畫框的搭配是否適當，都將大大地影響作品本身給人的整體感受。

可以說，畫框即是區隔現實與畫作的分界線。依據區隔方式的不同，有可能就讓一幅出眾的畫顯得庸俗不堪。就拿達文西的代表作《蒙娜麗莎》為例，如果直接從畫框中取出來展示，或許就不會這麼美麗了。所以，才會有那麼多優秀的人員，負責為各式的畫作搭配畫框。

這個道理同樣能夠應用在現實生活中。**為了凸顯某樣事物，應當從旁下手，藉由別的東西襯托其優秀，才是明智之舉。**

當你看到某樣物品十分耀眼醒目時，反而要更加留心是否有陪襯的東西使得它如此出眾。也就是說，真正彰顯光輝的反而是「邊框」。而我們需要學習的即是「邊框化」的思考方式。

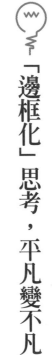

舉例來說，日本女子偶像團體AKB48、SKE48或是HKT48，本身也是某一種「框架」。即使是資質平庸的少女，只要進到偶像團體的框架中，就能帶來些許的能見度。因此，內部競爭想必非常激烈，不過只要能夠藉由「框架」來切割現實世界，就能讓自己顯得與眾不同。

再舉個更普遍的例子，像是雜誌、報紙或書籍的專欄內容，將文字邊緣框起來，正是可視的「邊框化」代表之一，劃分出每一則內容的差異性。就讀者的立場，也會先閱讀畫有框線的文字內容，無關實際內容的優劣，只是經由「邊框」處理後，特別吸引群眾的目光。

只要明白這一點，就可以運用在各個領域。請先嘗試在一週期間都以「框架」的視點觀察事物，無論在家中也好、職場也罷，甚至是電視節目或報章雜誌上的新聞也沒關係，盡可能地尋找那些能夠讓你感到「這就是框架」的消息。

如此一來或許就能夠理解，為何之前見到的那些閃耀著光芒的事物是如此地耀眼，再一次獲得新觀點。

抓著「概念」到處套用

當然，使抽象概念鮮明的不是只有「框架」而已。從各種事物之中獲得想法，且從不同的觀點鳥瞰這個世界，必然能得到更多驚奇的發現。

例如，學期一開始都會拿到一張「整年行事曆」，其中記載著一整年的課程內容或是活動資訊。若以「年行事曆」的觀點來看，意外地會發現許多事物可以套用。像是，打工時會用到的員工守則、企業的年度計畫，甚至節目表都是極其類似於年行事曆的東西。

日常生活中就試著**尋找「概念」，並以「套用」的視點**，試著靈活地加以運用，這正是所謂的思考。

我曾與當代著名設計師佐藤可士和先生對談，我們一致認為思考不能缺少概念。在設計界中，稍有差異的用色和材質，都會造成整體印象產生絕大的變化。而這就是所謂的「調性」（Tone & Manner）。而據佐藤先生所言，「貫徹品牌的調性是非常重要的。」這也能看成一種概念吧。

只要稍微做些樣子，細節部分就算馬馬虎虎地帶過，理應不會有人埋怨才是。不過，正是這種講求細節、吹毛求疵的精神，才是專業設計師與普羅大眾最大的差異所在。他們之所以能夠成為一流的設計師，或許就是因為將「調性」化為概念、技藝，並且貫徹始終地堅持到最後。

此外，佐藤先生也提到：「渴望感的重要性」。所謂的「渴望感」，即是讓人垂涎三尺的瞬間，像是大口大口地灌入冰鎮過後的啤酒那般，讓人欲罷不能的感覺。日文中的渴望感（シズル感），是從英文Sizzle引伸而來，其原意是指煎烤牛排發出「滋滋作響」的聲音。不過，在設計領域中則表示「讓人不計一切代價都渴望得到」的感覺，而能否營造出這種感覺對於設計師而言尤其重要。

這樣子的概念，平常或許一樣能夠派上用場。以照片為例，如果是證件用的照片，其中所含的「渴望感」可說是趨近於零；但若這張照片是在你最耀眼的時刻所拍下，那麼無論何時、任何人都能夠感受到其中的「渴望感」。即使這樣的照片只是貼在履歷表上，還是能給予雇主好印象。

為了捕捉這樣的照片，就必須先了解自己在什麼樣的情況下，最顯得閃耀動人。若能時常留心，待人處世上的意識也會有所不同。平常甚至可以自我練習，拍照時稍微講求被拍攝物，例如人、料理、景色的「渴望感」，究竟該從什麼樣的角度拍攝才吸引人、如何取景才能顯現自我風格。

若能夠習慣執著完美，久而久之也能幫助我們提升思考的高度，不論是透過文字或是實際體驗，欣賞這個世界的角度都會有所轉變。

當然，同樣**能運用於「該如何引導出團隊成員的渴望」等領導問題上**。「本來很開朗的同事，現在卻顯得過於沉默」；或是「似乎很想做別的職務」，倘若能夠察覺到這些細微的訊息，並加以適時地給予輔導，就有機會提升自己的人望，成為交際手腕高明的主管。

最有效率的思考——使用「釣鉤」

乍聽之下，「概念」一詞的確有點讓人摸不著頭緒，但實際上卻不是這麼艱深的東西。甚至可以這麼說，無論什麼樣的話語都能成為概念。

例如，先前提到羽生善治先生的著作《捨棄的力量》。若以「捨棄」的觀點審視事物，意外地能夠套用在許多情境上。例如，索尼公司（Sony Corporation）生產的Walkman隨身聽，便是因為斷然捨棄了過時的錄音功能，增加了劃時代的重複撥放功能，進而開創隨身撥放器的盛世。

而繼承了這段輝煌歷史，甚至超越前人的正是蘋果公司的創辦人兼前任執行長——賈伯斯（Steven Jobs）。他不僅在全球創下驚人佳績，更是隨身撥放器普及的一大推手。而造就這一切的原因，可說是他窮盡一生所堅持的信念——捨棄一切極力追求「簡約」。又如佛教之中的「解脫」，象徵著捨棄煩惱、即能進入超脫的境地。

在將棋界有一個歷史悠久的習慣，對弈結束後通常會進入「感想戰」。即為將勝敗棄之於身後，雙方再次相互對戰，但是比賽的重點則放在檢討與交流上。彼此的態度顯得不卑不亢、不矜不伐，展現了武道的精髓。若世人能以「止戈為武」的概念，來思考夫妻間的爭執甚至民族紛爭，或許就能找到一絲希望。

最重要的是，要讓自己能夠做到**將「捨棄」的概念與自己的記憶相互結合，並從中摸索出靈感**。保持思考的習慣，試想「捨棄」是否能夠運用在其他情況，例如自己負責的企劃、商品中，是否存在著能夠「捨棄」的東西。或是在自己的人際關係中，是不是能夠藉由「捨棄」某些成見，尋求「和平」的解決途徑……等這類事情是首要思考步驟。

想要得到靈感，僅憑自己的力量其實稍有難度，但若能夠**藉由「概念」來聯想靈感**將會容易許多。

老實說，「創意」多半都是由自己的記憶中偶然萌生的產物。這樣的思考方式，其實近似於「釣鉤」功能。藉由「概念」這個工具，釣起所有看得見的靈感。或多或少，都能以地毯式搜索的方式找到一些有用的靈感，我認為這是最有效率的思考方法了。

從「強人所難」的思考中，得到快感

我曾看過一個機智問答的綜藝節目，其中不乏許多讓人拍案叫好的答案。例如，某個猜謎單元要求參賽者們，只能從繪板的圖案和其中的字首，來判斷被隱藏的單字讀音。首先出現的，是一張五個在玩紅白球投籃的小孩，但不知道為什麼其中一人是赤裸的狀態，提示的文字是「よ」（YO）的圖片。

在眾多回答之中，最令我感到印象深刻的是搞笑藝人——又吉直樹先生的答案：「看起來不像是四個人啊!?」（譯按：日文中「四人」一詞，字首剛好是よ）。這個看似無厘頭的答案，卻成功帶動了現場氣氛，讓觀眾感到這個冷笑話的強大之處，可說是天才一般的回答。

某天因緣際會下，在節目中巧遇又吉先生，我實在忍不住再次讚賞他的機敏。不過根據他的回應，上那個節目時，他其實非常緊張。這也很正常，要在如此短暫的時間內，針對包羅萬象的主題提出讓人哄堂大笑的答案，實在不是件簡單的事。

若從其他觀點來看，正因為有如此大的壓力，才能迫使自己盡全力絞盡腦汁，想出最好的點子。針對「壓力推動成就」這一點，無論在哪個領域都能適用。

平常我們在思考時，往往會不自主地陷入發呆、放空。但若被交付有些強人所難的問題或是任務時，就不得不開始逼迫自己盡全力思考。我想，這也算是教育的基礎，身為一名教師，必須偶爾丟給學生一些難題。

實際上，我在大學任教時，確實常對學生們提出有些強人所難的要求。像是「五分鐘內看完這本書」、「從現在開始，所有人每五秒發表一次意見」等難題可算是家常便飯。這麼做的用意，並非在向學生尋求「正確答案」，而是希望學生們能夠擁有各自的答案以及看法。

一開始，學生們大多顯得焦慮不安，不過習慣之後，反而變得會主動尋求「刺激」。他們或許多少察覺到了，在緊張之中所感受到的那種感覺，其實是面對挑戰、威脅的「求生」快感。

這種感覺在工作上同樣扮演著相當重要的地位。我想，許多知名熱銷的商品或是服務，應該都是從研議階段的各種難題中催生而出。

著名的例子包括，鈴木汽車的知名車種「ALTO」。據說，一九七九年初上市時，以超低價的「四十七萬日幣」掀起一陣熱銷。而這正是那時候剛赴任不久的新社長鈴木修，向下屬丟出了強人所難的方針：「每樣零件都要輕一公克，縮減一塊日圓成本！」最終得出如此驚人的成績。

工作上偶爾需要一些突發奇想的創意。若能從「如果辦得到，好像也不賴」這樣的觀點出發，或許能夠得到意想不到的靈感。

偶爾向自己提出「無理要求」

如何拋出適當的難題，對於組織的領導者而言，是一項不可欠缺的能力。

倘若故意提出過於困難的問題，只會讓之後的討論陷入僵局。但討論過程中，若能夠運用靈感或是突發奇想，便能夠活化思考。藉由靈感更能促進團隊合作，讓組織整體有所成長。

著名的例子，就是知名的「阿波羅計畫」（Project Apollo）。一九五〇年代末，當時的蘇聯成功發射了人類史上第一顆人造衛星——史波尼克一號，帶給世界極大震撼，而以美國為首的西方諸國也備感威脅。同時，宣示了太空競賽時代的開始。美國為此甚至徹底地檢討了教育方針，並於次年成立了太空總署。人們稱這一連串由人造衛星引起的國際事件、恐慌，為「史波尼克危機」（Sputnik crisis）。

接著於一九六一年，蘇聯更進一步表示，東方一號已成功地載著尤里・加加林完成了人類史上首次的載人太空任務。一個月後，美國甘迺迪總統在議會宣告「從今之後的十年內，人類必定會站立在月球之上。」

如此困難、不講理的難題，可說是從古至今前所未有的。當時，不過距離一九〇三年萊特兄弟成功造出載人飛行載具、僅隔約六十年的時間而已。那時候能夠飛上宇宙的，也僅有美國剛研發成功不久的洲際彈道飛彈（ＩＣＢＭ）。

不過，這崇高的目標可說是肩負了人類長久以來的夢想與美國聲望。正因為是國家元首發出的宣示，更不容許失敗。因此，美國可說是傾注了莫大的預算和無數的人才，只為了達成這項不可能的目標。

如同大家所知道的，這項計畫於一九六九年間，以阿波羅11號之姿，締造了劃時代的偉業。而美國的實力也在一夕之間被各國所承認。雖然不久之後，甘迺迪總統不幸過世，不過他著實成為一個出色的領袖典範。

順帶一提，曾經改編為電影的阿波羅13號，其情況可說是接收到了來自「宇宙」的難題。受困在宇宙中的太空人，一邊面臨維生系統相繼失效的狀況，一邊還得向地面回傳狀況，以便地面控制中心做出對應後，再向太空人發出命令，情況可說是危機重重。但正因為在這樣高度緊張的環境下，團隊才能以最高的集中力、判斷力，做出最適當的選擇。

不過，平常我們不太可能遇到這般迫切的情境。因此，往往在思考的嚴謹、精準程度上，都顯得有些欠缺周全，因而需要「上位者的無理要求」督促我們。盡可能地激發自己發揮到如同「火災事故現場力」，或是「窮鼠齧貓」的境地。當被逼入無可選擇的處境時，或許能夠發現自己蘊藏的潛能也說不定。

「提問的力量」，讓想法具體、焦點凝聚

一聽到「思考」，多給人默默在腦海中完成的印象。但不可缺少的前提，是「傾聽」這個動作。尤其對於社會人士來說，這是個十分重要的步驟。

前文提及的知名設計師——佐藤可士和先生同樣表示，在承接案子時，他會盡可能仔細傾聽客戶的委託與意見，並且確認過細部之後，再開始著手動工。因為**不管他想出什麼樣完美的點子，只要跟客戶要求的重點有所出入，就等於完全沒有實行的價值**。

而且，在傾聽客戶方要求時，有時也會得到一些靈感。據說位於東京都立川市，以甜甜圈造型聞名的富士幼稚園，起因也是出自園長表示：「希望能夠打造出一座富有玩心的幼稚園。」

當然，工作上的委託任誰都會特別認真。但多數場合，許多人只會選擇聽到一個程度，之後就會認為自己已經了解內容，無須認真應對。特別是工作經驗豐富的

人，常容易依照自己的習慣來處理工作。

如果能夠完成對方的期望還算好，問題是出包的例子也不在少數。更糟糕的是，如果過度執著於自己的做法，就會形成相同的迴圈、無法進步。細心聆聽客戶的需求，面對新的挑戰，才能夠獲得更多良性刺激，拓展工作的領域。

但，如果只是沉默地聆聽，實在很難全面掌握客戶的需求。因為別說是工作了，在日常的對話中，很難單憑幾句話，就完全傳達自己的想法。在這種時候，「提問力」就能派上用場了。

隨著**提出不同的疑問，可以逐漸凝聚客戶需求的焦點**，同時挖掘雙方的想法、創意，近似於「腦力激盪法」。

而提升「提問力」的重點，大致上分為兩種。其一是最基本的，**在談話中積極做筆記**，而且不只寫下對方的發言，也要隨時寫出自己想詢問的細節。

另一種則是**仔細篩選問題**。因為就算寫出自己想問的問題，也不可能全部提問，因此必須挑選出最具體、最接近本質的問題。抽象的問題不僅沒有意義，還可能讓討論本身偏離原本的軌道，浪費雙方時間。

我在演講的最後問答時間，也常被聽眾問到一些不得要領的問題。有的人明明是問問題，卻像是在自說自話，甚至提出與演講內容毫不相關的疑問。有時我還真想反問他們：「這個問題的意義何在？」

無論如何，在公開場合積極提問的勇氣，仍是值得稱讚的。不過發問之前，選擇問題也是非常重要的一環。

假設事先準備了三至四個問題，現場就只問其中一個。如果只有準備一至二個問題，就該認真思考真的該提出問題嗎？只要依循這樣的模式，就能大幅提升問題的水平。這不僅限於演講時的發問，同樣適用於商務會議等場合。

人人皆能成爲「顧問」的時代

「提問力」，是可以透過訓練提升的。舉個例子來說，在我舉辦的研討會上，會要求學員擔任諮商顧問的角色。將初次見面的兩人編為一組，一方提出諮詢、另一方就以顧問身分負責傾聽，並提問善加誘導。

在過程中，雖然主要說話的是諮詢者，但「主角」其實是扮演顧問角色的彼方。即使沒有找出具體的解決辦法，也可以**透過提問引導諮詢者吐露煩惱，在整理問題後，找出最理想的應對方式**。多數的難題在整理過程中，往往能夠依序理出解決的辦法。

在這樣一問一答的情境下，即使是初次見面，也能迅速拉近兩人之間的距離。畢竟找人討論心中的煩惱，比起一般的對話更能展現真實的自我，以同理心激發人與人之間的情感連結。

而且一旦找出結論，雙方之間就能產生共同的成就感，以及近似於「革命成功」的友好情感。在刺激思考、尋找解答的過程中，雙方在不知不覺間就成了站在同一陣線的「戰友」。在日常生活中，這樣的情感建立模式也不在少數。

通常在這樣的研討會之後，若辦場簡單的交誼派對，通常氣氛會相當熱烈。了解雙方的「真性情」之後，透過會場朋友間的相互介紹，能夠迅速拓展友好的人際關係。

即便不是參加研討會，在日常中也能輕鬆實踐類似的做法。舉例來說，在組織內部定期舉辦主管、前輩與部屬、晚輩間的集會，純屬意見交流、不用太過拘謹。如果覺得下班應酬過於麻煩，可以借用公司的會議室舉行。

畢竟部屬、晚輩並不會從一開始就主動談起私人的煩惱，主要仍以工作上遭遇的問題或職涯規劃等中長期的目標作為討論重心。身為主管、前輩者，可以藉由提問引導他們，適當提供對方需要的解答。

我認為，組織內部應該多加推廣類似這樣的集會，除了有助於主管、前輩們提升「提問力」，同時能化解部屬、晚輩在工作上的煩惱，拉近兩者之間的距離，活化組織內部人際結構。

近年來，我尤其感受到各業界逐漸重視諮商的機會與技術。多數人就算心中有所煩惱，也難以向他人吐露心聲。就算被問到：「你是不是心情不太好？」也通常會選擇回答：「我沒事。」

這或許就像在美髮院給設計師洗頭時，被問到：「有沒有哪邊會癢？」大多數人會反射性地回答：「沒有哦。」一樣。但假如是有經驗的美髮師，就會多問一句：「這樣的力道還可以嗎？」並且重點式地按摩頭部穴道，令消費者感到格外通體舒暢。我想，這樣的態度與精神是十分值得學習的。

也就是說，在詢問別人問題時，不單單只問一句：「你還好嗎？」或是「最近是不是有什麼心事？」而是旁敲側擊地問道：「你覺得，負責什麼樣的工作最輕鬆？」、「如果說到不想上班，前三個原因你會先想到什麼？」提出這些較為具體且詳細的問題，對方的回答就不只是一句「我沒事」所能應付的了。

當被問到問題的那方，發現有人願意真誠地傾聽他的煩惱，必定也會吐露自己的心聲。

這麼一來，即便問題還是無法解決，也能有效減輕對方的心理負擔。除了用心聆聽他人說話，協助對方度過難關，更重要的是，「提問力」也能藉此獲得絕佳的磨練機會。

保持童心，引導強大創造力

愈是被稱作「一流人士」或肩負重責大任者，通常有著令人驚訝、不為人知輕鬆的一面。我想，他們之間的共通點就在於「童心未泯」。

典型的例子就是活躍於美國職棒大聯盟的達比修有投手。他在二〇一二年與榮獲打擊三冠王的米格爾．卡布瑞拉（José Miguel Torres Cabrera）選手熱戰之際，被擊出數個界外球。

記得當時達比修有投手，在投手丘上展露出令人意外的一抹微笑。根據賽後的訪談，當時他似乎是在心想「認真點打嘛！」看似十分享受競賽本身帶來的樂趣。

以前他曾在電視節目上提過：「我每年的球路都會改變。」對於一般的投手而言，只要找到一個適合自己的球路，都會想盡量維持下去，但他卻截然不同。其中的原因，除了更精進球技之外，他也曾表示：「既然都當投手了，當然想挑戰不同球路的樂趣啊。熟悉各種不同的球路，才能有更多的選擇空間。」

原來，他曾經因為臀部肌肉過度痠痛，難以維持單腳站立的姿勢投球。因此，練習的時候只好硬是站著投球，但令人意外的是，投出的球卻都表現不錯。從那時候開始，他決定研究多種不同的投球姿勢與方法。

這樣的做法，確實很有達比修選手的風格。限制在同一球路，往往難以應對環境上的變化。唯有因應現場狀況，做出不同的選擇，並藉此避免對身體、精神上造成太大負荷，才能稱得上是真正的實力。

不只是達比修，許多大企業的經營者，也有開朗、愛開玩笑的傾向。愈知名的創作者，愈喜歡從事新的挑戰。或許正因為他們每天面對緊張與壓力，才以這樣的「童心」取得平衡，結果造成領導新時代、創造新思維的「一流人士」與其他人之間，產生了極大的差距。

雖然不是每個人都能成為一流人士，但任何人都能夠擁有像他們一樣的童心。「試試看這麼做吧」、「失敗的話再重來就好」……如果能夠以這樣的心情迎戰工作，總有一天能擊出屬於你的全壘打。

【專欄】腦力激盪、活化思考的祕訣

先暖暖身體吧!

因雜誌邀訪，我有幸與時尚模特兒栗原類先生進行了一次談話。果真一如傳聞，他是位相當特別的人。常被世人與「消極」劃上等號的栗原先生表示，他並不覺得自己消極，也從沒這麼形容過自己。而社會觀感與自我意識上概念的落差，是他壓力的來源之一。

究竟為什麼會出現這樣的差距呢?

據我觀察，栗原先生集中於正確傳達自己的情緒與想法，另一方面，卻不是很在乎別人聽了有什麼想法。

就大環境而言，我們所處的社會，卻具有與其相對的「同調」傾向，也就是重視現場的氣氛與他人的相關性，勝過自己的主張。

這絕非善惡的問題，其中的落差並不是容易就能夠弭平的。但，這世上要是每個人都維持「同調」，不就沒什麼樂趣了嗎?所以，我送給栗原先生一段話:「就算有落差，也沒什麼不好的，不是嗎?」

在談話中我們也聊到，當我感受到壓力時，會選擇如何紓解？我的回答是：「總之，先暖暖身體吧。」像是泡澡、三溫暖，冬天攜帶隨身懷爐、多喝溫熱的飲品等。

我的個人經驗發現只要溫暖手腳，就能夠以更為寬容的心情對待他人。人之所以感到心情不好，不外乎是在肚子餓、睡眠不足、覺得冷的時候。只要滿足其中一點，心情通常就會好轉，而其中最快也最容易的，就是溫暖身體了。就算只是晒晒太陽，心情就會好轉許多。

溫暖身體能夠加速血液循環，對於活化思緒也有很大的幫助。

這種減輕壓力的方法，可以應用在個人或組織單位上。

舉例來說，會議的氣氛如果有些低迷，問題可能不見得出在議題或參加的組員身上。這時候如果在所有人的桌下放個小臉盆，在會議時泡個「足湯」，就算是面對有些嚴肅、困難的議題，現場的討論氣氛必定大不相同。尤其是需要腦力激盪、交換意見的會議，這樣的方法更是值得推薦。

聽說最近有些公司，會在會議室中裝設一個小型的跳床，如果有人在會議中發呆或打瞌睡，主管就會請他「上去跳個幾下」，在意識清醒之後，才能更積極地參與會議。

這實在是個優秀的點子。足湯能夠從腳部溫暖整個身體，不過跳床更有助於血液循環，活絡緊繃的神經與肌肉，還能藉此驅逐睡意，期待今後能有更多公司採用這樣的做法。

活動筋骨，開發創造力

若公司沒有準備跳床，可以讓員工在工作之餘，參加一些需要活動身體的課程。除了能改善工作場合的氣氛，也能活化大腦，增加工作效率。

我在二十至三十歲年間，曾參加過各種不同的活動。

例如，英國皇家國立劇場（Royal National Theatre）主辦的「戲劇工作營」，就出過一道特別的題目：「全體員工變成一具大型的機械。」每個人可以自由地擺動身體，同時與周遭的人產生「反應」。舉個例子，當一個人用手臂甩圈，旁邊的人就可以開始進行伸展運動，再隔壁的人則展開雙手，如平衡娃娃般搖擺。

這類活動沒有一定的規則，完全取決個人自由的創造力及想像力。因此往往可以發現，有些人能夠馬上決定自己的動作，有些人卻不知道該怎麼辦才好。前者是擁有較靈活想像力的人，後者則是腦袋轉不過來、較死板木訥者，而現今時代需求的人才，大多屬於前者。

雖然只是個簡單的活動，卻能夠展現出人與人之間不同的個性，這也是參與工作營活動的樂趣之一。

近年來，類似的活動也常見於日本的演劇界。如知名的演員、劇作家野田秀樹先生，在練習之前都會進行類似的活動並藉此獲得靈感，回饋並活用於舞台。

在公司舉辦這樣的活動，效果往往令人驚訝。缺乏想像力的員工，在反覆參加活動之後，可能體會當中的訣竅，發揮獨樹一格的創意。

活動身體，同樣具備活化思考的功效，進而強化工作上的創造力，因此絕對值得大家一試。

音樂、潛水、哼唱……刺激身體，活化腦思考

事實上，身體的刺激會為腦部帶來一定程度的影響。例如，有人容易在吃飯時想到一些點子，有些人不喝酒就沒辦法思考。

據說，獲頒諾貝爾物理學獎的益川敏英先生，其知名的「小林．益川理論」就是在泡澡時想到的。當走出浴室時，理論大致也有個雛型了。

說到「刺激」的時刻，對我而言最具代表性的，就屬在游泳池潛水的時間了。在水中阻斷了外界的聲音，邊斷斷續續地吐氣，身體變得輕盈，而呼吸困難的壓迫感，更會令人忘卻煩惱。

當忍耐到極限、浮上水面時，迎面而來的是清新的感受，就在這一瞬間，腦中容易浮

現一些特別的想法。

我將這取名為「禪泳」，並且十分享受這樣的時光。我特別推薦大家試試，時間大約只要十至二十分鐘。先花三秒鐘吸飽氣、潛入水中，再慢慢吐氣。重複這樣的過程，可以感受到煥然一新的體驗。

而身體與音樂的共鳴，也能夠產生特別的快感。如果有擅長的樂器，可以藉由演奏來整合自己的身心步調。

最近因為學習吹奏初學者用的尺八（中國的傳統木管樂器），了解到身體原來也可以是樂器的一部分。一開始是受尺八演奏家——藤原道山先生的音色所吸引，在偶然的機會下，我表示「自己也想試試看」，藤原先生便特地將尺八寄送給我。

根據藤原先生的說法，吹奏尺八的要訣，就像在瓶口吹氣，所發出「波——」的聲音一樣。

我照他所說的嘗試，發現自己確實也可以做到。雖然離「演奏」的等級還有一大段差距，但吹奏時的感覺就像是出家人在打坐一般。呼吸化作音樂，填滿周遭的空間，全身反覆地體驗到與音色的共鳴。感覺就像是「哼唱」的增強版。

我曾經參加過哼唱訓練的課程，學到以頭蓋骨共振的訣竅，還有根據骨骼形狀及大小的差異，可以找出每個人最擅長發聲的音域。在掌握到發聲的方法後，會發現不管是頭蓋骨的震動方式或哼唱的聲音，都會產生相當大的改變。

在發聲的瞬間，是相當舒暢的。可以感覺到世界與自己的共鳴融為一體，壓力頓時煙消雲散。演奏樂器可能不是每個人都能做到，但哼唱就沒有任何限制了，不妨找個適當的環境，尋找看看自己的共鳴點。

第4天

10秒內言之有物！你得懂速讀、慢讀，外加模仿消化

二〇一三年，曾颳起一陣人氣旋風的NHK晨間小說連續劇——《小海女》，不但故事內容相當引人入勝，其中頻繁出現的戲謔、模仿橋段，都引起廣大世代的共鳴。能夠如此大量融合眾多雜學、冷僻知識的電視連續劇，可說是前無古人，後無來者。

談話中只要稍加描述劇中橋段，就更容易讓對方產生共鳴。不僅如此，就連自身審美觀、經濟蕭條時的慘痛經驗，故鄉生活的點滴都會很自然地表露出來。也就是說，將更容易展現「自己的想法」。

不過，因為電視劇有其播放時間的問題，要拿來當成話題實在有點勉強。當然，其他的連續劇也能夠成為話題，可是像《小海女》如此熱播的電視劇、幾乎每個人都看過的作品，恐怕極少。

你或許會想，直接以近年崛起的國民級偶像團體「AKB48」當作話題不就解決了？這樣的做法其實好壞參半，甚至可能引起不必要的尷尬。如果對方是愛好者自然沒問題，但對象若是主管或客戶最好避免。

因此，從書店的「暢銷排行榜」中尋找題材或許是最佳的方法。看過暢銷書的人想必不少，要從中尋找共同話題自然不會太難。例如，你剛好讀過百田尚樹所著《被稱為海賊的男人》（暫譯，以日本第二大石油公司出光興產的創辦人——出光佐三為樣本的歷史改編小說），就能夠和看過的人一起討論內容，進而引出：「主角的判斷力令人印象深刻」、「職場中同理心是相當重要的」等話題，或是更深入探討「國家利益究竟為何」等議題。

在不斷地引出話題的過程中，自己的想法和意見也會不經意地感染對方。而且書中的內容遠比偶像團體、連續劇有更多探討的空間與方向。選擇一多，話題就跟著廣泛起來，同時更自然地流露個人想法。

引導話題？從暢銷書切入最適合

更進一步來說，**光是擁有「看過同一本書」的共同點，就能夠讓人產生「有主**

見」的觀感。這樣的感覺雖說近似錯覺，但是，當雙方對某事物抱持相同感覺與看法時，便會拉近彼此的距離。這樣的情形與飼養狗的主人遇到另一個飼主時，無意之間都會產生「錯覺」，先入為主地認為對方「是個好人」或「值得信賴」，是相同的道理。

正因如此，我總是不厭其煩地勸學生多讀點書。因為一個人看過多少暢銷書和熱門書籍，可說是處世圓融與否最為重要的關鍵。

社會新鮮人在就職面試時，時常會出現「最近看過哪些書？」或是「喜歡什麼樣的書？」等問題。

這時候若是回答：「推理和輕小說。」就等同告訴面試官，「學生時代幾乎都在瞎混……」為了避免發生這樣的慘劇，慎選例子是相當重要的。若是能夠舉出像《被稱為海賊的男人》這種具有討論空間的暢銷書，面試官的態度想必會有所轉變，例如日本小說家司馬遼太郎的作品也是相當好的例子。

當談話對象是企業組織的人員，舉出的例子最好也和企業、經濟有關，比較容易被對方接受。根據當下情況慎選例子，可說是增進處世融洽不可或缺的一環。

思考就像體力，有練有差

閱讀，可說是動腦思考問題最便捷的方法。書中必定記載著許多「想法」，而這些想法就成了讀者思考問題的契機。

即使是沒有閱讀習慣的人，仍會有「一整天都不斷地在思考問題」的感覺。但是思考的重點在於持續性，若只是稍做假想、稍微得到一點結論，就想草草了事，其實並不算真的思考。就算有些人自稱「我有想過了」，但敢抬頭挺胸說自己「覺悟」的人，肯定沒有幾人。

想要有助於思考，閱讀的量通常要有一定程度，**透過大量閱讀就能夠藉由「量」，來增加思考的續航力**。就像運動一樣，假設每天持續跑二十公里，某天突然要跑二十公里也不會覺得吃力。而平常沒有運動習慣的人，即使只跑一公里都會覺得很痛苦。簡言之，能否持續性地思考端看每天的鍛鍊。正如運動員常說：「練習，是不會說謊的！」

換言之，**閱讀量會成為思考能力的基礎值**。看一本兩百多頁的書沒太大問題，但是換成一本四百頁的書就會稍感壓力的話，就表示**頭腦缺少這等頁數程度的持久力和閱讀量**。思考能力就像是體力一般，若不去時時刻刻鍛鍊它，永遠不會有進步的一天。

不過，近年來出版社為了迎合當今思考能力「虛弱」不堪的讀者，只好不斷地將書本厚度削減，透過無謂的換行、甚至放大字體減少字數的手法也不少見，其中不少還是知名暢銷書。但是，若真的想要鍛鍊自己的思考能力，千萬不能隨波逐流。試著多接觸所謂「生硬、厚重」的書籍，努力提升自己的基礎能力。

像是大哲學家叔本華（Arthur Schopenhauer）和尼采（Friedrich Wilhelm Nietzsche）都曾說過：「讀書是不勤勉之人的作為。」言下之意為，思考時應當有一個優秀的「嚮導」陪伴在身旁，而書籍就是最佳之選。

藉由閱讀接受作者的引領，循序漸進地思考問題，我想這正是尼采等人所認為的——「讀書是輕鬆的思考方法」。

找回好奇心？去逛書店吧！

特別建議大家養成逛書店、翻翻當月書刊的習慣。我曾經出版名為《如果有十分鐘空閒就該去書店》（暫譯）的著作，這絕非比喻而已，我是真心這麼認為。待在書店、翻看雜誌，也能夠讓頭腦受到新知的刺激，好比沐浴在知識之中。

思考，說白了就是「接受刺激」。我們常會稱讚他人「求知慾旺盛」，同時讚許這樣的人「思考能力超群」。反之，被人評判為「求知慾薄弱」或「對什麼事情都不抱興趣」的話，可說是身處知性貧乏的危險水域中。

試著回憶孩提時期的我們，隨時充滿了好奇心。為什麼不管怎麼旋轉裝滿水的桶子，都不會有水滴出來呢？繁星的彼端究竟有什麼？蝌蚪又是如何變成青蛙的？……對那時候的我們而言，世間充滿著無窮無盡的謎底。所以，即使小時候的我們可說每天過得漫無目標，卻依然能夠感受到繁星、水桶、青蛙無時無刻地吸引著我們玩耍，而這就是所謂的好奇心。

但是當我們長大成人，或許是因為明白其中道理、亦或是被忙碌的工作埋沒，而逐漸失去了好奇心。對於自身知性而言，便是存亡的危機。

不過，若能常去書店，或多或少能夠喚回早已遠去的好奇心，在那裡會有許多不同種類的書籍，不斷地向你低語著「和我一起玩吧～（來買我吧～）」。這般神奇經驗，是和好友閒談、上網所無法體驗到的。

根據知名遺傳學研究者村上和雄著作──《打開開關的生活法》（暫譯），基因的開關在多數情況下都是處於關閉的狀態。而「開啟」這些開關的方法之一，就是和一流的人交流。

若是一味地尋求同類，無論如何努力終將無法脫離「半斤八兩」的範疇。倘若你已有追求目標，眼光就應當放在那些已經有所成就的「先賢之輩」，且積極地尋找任何能夠接近他們思維的方法、甚至是和他們見面的機會。

將自己置身於一流人才匯聚之處，讓自己接受刺激的同時，也能使身體中沉睡的基因甦醒。

的確，當今是個無論是誰都能夠出書的時代，作者不見得都是非常優秀的人。然而，在書店裡確實可以輕易地遇見許多不同的著作，藉由大量閱讀、相互比較，此外慎選出版社也是個辨別方法。總而言之，書店就是能夠隨時遇到這些成為眾人基石的「睿智巨人」，讓自己接受刺激、薰陶之處。

若單從「盡情埋首於書中」這點來看，在圖書館的確也能做到。但是，圖書館藏書速度較慢，若想要感受現下社會的活力及脈動，書店還是最佳首選。從現實面來看，圖書館的數目也遠遠不及街上四處林立、讓人輕鬆愜意翻閱的書店了。

網路上找不到的靈感來源

現今社會，透過網路購買書籍的人不斷地增加，就連我自己偶爾也會使用網購。然而，這並不表示，書店不再被人們需要。因為兩者在本質上可說是完全相異。在網路上購買書籍時，大抵都已經決定要選購哪本書，而在書店選購時，卻能夠一邊翻閱、一邊接受來自書本的刺激，就這點而言，書店就有其存在價值。

雖然，現在的網路書店已盡力呈現書中概要，不過與實際拿在手中翻閱的感覺仍有極大的差距。倒不如說，正因為是資訊爆炸的時代，將自己置身於書店之中，尋覓與書籍邂逅的樂趣，才是實體書店的誘人之處。

只要稍微留心就能夠察覺，那些林立在書架上，吸引我們目光的書本，其實無時無刻都渴望著我們閱讀。

或許某天會因為四處翻書的習慣，而發現新的領域與思考可能。試著探訪那些平時不曾留意過的書區，與素昧平生的書不期而遇時，必定會讓你讚嘆「原來還有這樣的世界啊」。而這些讓人興奮的偶遇，要說是啟發我們思考的契機也不為過。

在柏拉圖的作品《饗宴》（*Symposium*）中曾提及，蘇格拉底為了要「稍微思考一些問題」而離席，退到一旁站著想事情的佳話。單從這觀點來看，就算只是擺擺樣子、模仿蘇格拉底站著思考，書店就有其不可取代的價值。

平日和朋友約定見面場所時，若離約定時間僅有十分鐘的時間，我就會指定書店為碰面處，如此一來便不必苦惱如何打發時間，甚至還可以偷閒一下，讓自己「沐浴」在群書中。若有機會請務必一試，必然會有不同以往的經驗。

讀名言，想法有亮點

每當我告訴學生，要養成從書中節錄座右銘或是佳句的習慣，總會有人開玩笑地反駁：「沒錢買書。」會有這樣的藉口可能是因為書籍內容量大、沒自信讀完，或是某些因素不想有無謂的支出。

若真的沒有預算，其實只要試著思考如何節錄座右銘、名言佳句即可。若單以「沒有錢」的說法來拒絕思考，實在缺乏說服力。有不少人每個月花了大筆金錢在行動電話費用上，可是比起投資通訊費及手機，不如將資源投入到書本、雜誌刊物等能讓自己重新發現自我的機會上，不是更有價值嗎？

我建議大家，除了節錄名言佳句，也要試著和他人分享。不要只分享給一、兩個人，請試著和數十人以上分享這些名言佳句或是座右銘。

方法相當簡單，事先預備好相應數量的佳句，設想遇到什麼樣的人該用哪一句。例如，「遇到A先生就這麼說；反之，遇到B小姐就那樣說」；或是「如果是A話題就帶入這一句；若是和B情況相關，就用這段話」……像這樣事先在腦中模擬各種狀況，依照對象、場合不同，做出最適當的對應，也是非常重要的練習。

為了更有效率地找出名言佳句，可先預備好三色原子筆和螢光筆，只要一發現喜愛的隻字片語，就毫不猶豫地標註。並請順手折起該章節的書頁，方便往後複習。接著就是不斷地練習，直到能夠自然、熟練地運用這些佳句、篇章。

如果能夠做到這個地步，應能牢記書中的內容及佳句了。當你能夠靈活運用它們，周圍的人自然會認為你是一個「有主見」的人，而這同時是表現自己熱忱的一大良機。

不過，選書上需要稍稍留意，若是選到太過冷僻、艱澀的書本，就難以讓人產生共鳴。因此，最好的方法是從暢銷書榜中挑選，失敗的機率就會減少許多。選擇暢銷書也有竅門，應當選擇經得起時間考驗的著作，而非一夕爆紅只在榜單上曇花一現的書籍。這類「保存期限」短暫的書，不太值得花時間探究。

最快速且有效的判別方法就是，參考網路書店的書評。即使是暢銷書，如果評論數太少或許就沒有購入的價值了。反之，就算是三、四年前的書，如果評論數相當可觀，甚至還有近幾個月的新留言，那麼這本書可能就值得我們購買參閱。

「經典」比「網路」更有養分

除了暢銷書之外，「古典文學」因有更常久的有效期限，而意味著值得我們入手。試想從古至今有多少人看過這些著作、研究過這些書籍，甚至可以篤定地說，這些古典文學的「保存期限」、「保值程度」，幾乎是無限制的。同時能夠擷取的部分相當廣泛、多元。

其中又屬《論語》最為經典，能夠應付各式狀況的文章就有數百篇以上，若是能夠善用這些文章，想必能夠大幅提升自身的臨機應變能力。此外，《聖經》及日本中世文學隨筆體的代表作之一——《徒然草》，都包含了各式各樣的知識與智慧的箴言，稱其為得以應付各式突發狀況的智慧寶庫也不為過。

同時，古典名著也是加深一個人智慧深廣的利器。我們都曾在與他人對話，或是在網路與人交流時，或多或少會莫名地覺得某些人的言論實在「輕薄」的可以。不僅字裡行間缺乏內涵，就連論點也顯得片面、偏頗有失周全，且無法跳脫固有思考框架。

這樣的病症在現代環境下更顯嚴重了。在資訊爆炸的時代，獲取知識或情報的途徑雖較以往相比多了不少，但也因為這樣的便利性和快捷性，而產生了**情報過量的隱憂**。**人們無法正確判斷自己接收到的資訊是否正確**，進而導致價值觀判別出現了障礙。

當你和一個修養「輕薄」的人交流時，壓根不會想從他嘴裡聽到任何一個字眼。而我們應該努力避免自己淪為這樣的人。如果所有的資訊都從網路吸收，只會讓自己吸取到「輕薄」的養分。若是無法看清這點，往後會是個大問題。

那麼該如何增加自己的深度呢？

答案很簡單，就是廣泛且大量的閱讀「經典」。無論是佛洛伊德、尼采、夏目漱石或是古希臘賢哲的著作也好，只要廣泛涉略，對於確立健全的思考邏輯有相當大的幫助。藉著接觸先賢的思想，幫助自己探究更進一步的思維，透過這樣的過程繼承過往的精神文化、歷史，這些就是身為人的「深度」。

我想，若是渴望根治現代過於輕薄的病症，沒有比這個更為簡單的處方箋了。

或許有人會因原文書太過艱澀而卻步，不過坊間不乏許多翻譯品質優良的版本，無須過分擔憂。至於能否「痊癒」，端看你是否願意嘗試閱讀經典。你會發現，當和他人談及經典著作時，對方的反應也會有所轉變。

例如，你可以這樣的方式切入話題：「著名的《徒然草》中有這麼一段……」當對方不了解或甚至沒有聽過時，或多或少也會對你產生「這個人還真是博學多聞，思慮想必相當縝密吧」的感受。即使，你只知道這一段也無妨。

在這層意義上，若希望讓自己看起來有多一點的涵養，那麼，涉略經典可說是性價比（CP值）最高的項目。你大可不必為了那些難懂、引人挫敗的詳解感到煩惱，因為那些話語本身就蓄含著許多意思，聽者自然能夠從中得到合理解答。

想要發言有重量，試試「古典」

當一個人閱讀古典書籍時，其實就好像是身懷重石一般。這個時代，資訊的有效生命週期非常短暫，即使是最新流行事物，也是一下子就消逝在時代的狂潮中。不過，正因為是這樣的時代背景，古典才得以彰顯其價值，就好似船錨，使我們保有自主意識，不被時代的狂瀾吞沒。

傳統精神文化也是如此的瑰寶，就如同《聖經》之於基督教是基石般的存在。無論你是什麼樣的人、何種身分，只要你對《聖經》有相當程度的理解，在旁人看來自然就會是一位「信仰虔誠」的人；《論語》之於儒教也是相同的。簡而言之，精神文化即是世間共同擁有的價值觀。

若想要更加善用這份「資產」，只需要將自己至今閱讀過的經典著作中的篇章、字句，統整成隨時可以運用的短句即可。下次在他人面前展現時，你的話語當中自然會有深度，而且必會受到周圍他人的敬重。

我曾問過一位修練劍道有成的朋友，是否有在閱讀古典書籍。他告訴我，因為修習劍道的緣故，他只看過宮本武藏所寫的《五輪書》（編按：談論劍法以及兵法的著作）。於是，我順勢請他分享書中的內容。

「在《五輪書》之中，看待事物的方法有『觀』和『見』兩種。如何兼具兩者是非常重要的。尤以劍道而言，這更是精通與否的關鍵。」

以宏觀的視野看待事物即為「觀」；反之，將視野集中於一點，審視之細微即是「見」，兩者都是不可或缺的。

這話若是由一位稍微修習過劍道者的口中說出，對於不感興趣的聽者而言，恐怕只會覺得摸不著頭緒吧。但是當這句話是由宮本武藏所說，其深邃程度就不同以往。甚至會讓人產生想要將這些隻字片語奉為人生的宗旨，而這正是融於精神文化中的古典力量。

換言之，沒有必要獨身一人探索人世至理，只要藉著閱讀古典名著，讓那些先賢、超越者們引領我們即可。有些人可能會選擇宮本武藏，有些人可能決定跟隨吉田兼好（日本南北朝時期的法師，著有《徒然草》），甚至和杜思妥也夫斯基（Fyodor Dostoyevsky）意氣相投的也大有人在。

無論你要選擇哪一位作家、什麼樣的作品都沒有關係，因為他們的價值早已歷經歲月的考驗。或許一開始會覺得窒礙難行，不過只要相處些時日，必然能夠成為知心好友。

引用＋體驗，就能創造獨特

我想已有不少人察覺，最近，不要說看古典文學了，就連看大眾書籍的人也正逐漸地減少。

在電車上放眼望去，絕大多數的人都專注於手機遊戲或是網路社群。因此每當到學校演講，我都會藉機告訴學生：「晚上九點以後讓手機充電，你呢，就多看點書讓自己充電。」或是故意刺激他們：「和朋友聊閒話，只會讓自己的價值變得輕薄，你想要變成一文不值的人嗎？」

在大學教書時，我總會想盡辦法讓他們養成閱讀習慣，有時甚至用半強迫的方式。只是把書看完還不夠，進一步地要求他們提出數個中意的部分，然後將這些部分與自己的經驗融合成一段小感想。整個過程大約十五秒，之後請每一位同學到講台上和大家分享自己的收穫。我通常稱之為「十五秒報告」。

重點在於，從書中獲得的經驗與自身實際體驗，都是不可缺少的。若是只有實際體驗，大學生們的感想大多只剩高中時期的經歷。或許對發言者而言的確是難能可貴，但對於聽眾來說，這些內容和上一位所說的東西並沒有太大差異。同時缺乏深度難以吸引焦點，最後使得大家感到厭煩。

倘若只是單方面引用書中的內容，發言的話語就會失去真實感。其他人只會有：「那又怎麼樣」、「這傢伙活在平行世界嗎」這樣的感覺罷了。因此，就算有些勉強，也必須試著將兩者結合。如此一來，我們所說的話才會有足夠的真實感，同時兼備充足的內涵。

我們可以把這樣的關係，想像成是料理中的食材與醬汁。從書中提引的「上好食材」，佐以名為「自身經驗」的獨門醬汁。至於該如何搭配、調製，就是你的拿手好戲了。

從另一方面來看，這也不失為表現自己的良機。許多人會希望自己能夠「有自己的風格」、「活得自在」，但是，這些人格特質若只依靠自身的體驗構成，只會顯得索然無味。要改善這個問題只需擴大我們自身的體驗即可。

雖然旅行不失為一個好方法，然而不是每個人都能有周遊世界的機會。但是不必擔心，我們可以借助書本的力量，只要把書中感受到的經驗當作實際體驗就可以了。將書中感受到的驚喜、感動、興奮，一一化為我們自身的體驗。如此一來，我們的經驗不就一口氣擴大許多了嗎？

當你習慣了這個訓練之後，就能夠極其自然地將自己的想法變化成隨時可取用的題材，同時讓書本中的知識常駐在腦中。不僅如此，對於文字的敏感度也會有所增長。不同以往只是單純閱讀文字，而是自主性尋找這些文字、篇章，做為自身所用的可能性。

如前文所述，書本不但是幫助探勘「自身可能性」的道具，同時是接收新知、打開自我的「天線」。至於天線有多重要，想必身為現代人的各位不會不理解。

生活中我們總是受到各式各樣的刺激，因此有了「革新」認知的契機與慾望，致使我們無時無刻將自我理念付諸行動。人是因刺激而成長，而成長則為我們帶來新的想法與理念。那麼，我們只需要讓自己變得積極、勇於接觸不同的事物。

現在這個時代，無論是誰都能夠自由地在網路新聞的討論區發表看法，或是在作家專欄發表評論。因此，讓別人看見自己的想法已經不是什麼難事。而且，收集各式知識、雜學來讓自己得到「這個人很有趣」的評價，也比以往來得簡單許多。這意味著，無論是「表達自我」還是「展現內在」，都端看你是否能夠開闊自己的胸襟，抱持著積極、好奇的心去探索、接觸這個世界了。

「沒時間看書?」先分慢讀、速讀

不常看書的人通常會說：「沒有時間看書。」社會人士確實每天都被忙碌的工作埋沒，一忙起來，身心都相當疲憊，有時候就連翻閱書刊的力氣都沒有。

我建議可以先試著將閱讀分為兩類：第一類，為了培養自己的精神而閱讀，也就是，每天固定花一點時間，分多次閱讀、循序漸進地累積閱讀量，這樣的方法稱為「慢讀」。

其次是，為了獲取情報的閱讀。這類型的閱讀，建議不必花太多時間鑽研，只需要快速看過即可，可稱為「速讀」。

對忙碌的人而言，最有用的方法應該是後者的速讀。這個方法的重點在於，「沒有必要通盤理解」、「大約**看個兩成，就能吸收八成的情報量**」，這是需要訣竅的。有些書籍會將重要的情報集中於開頭，後面的章節則大多在彙整結論。首先要做的就是找出這些散亂的部分，在閱讀時就先當作自己已經「讀完」這些不是這麼

圖 4-1　兩成力，吸收八成情報量

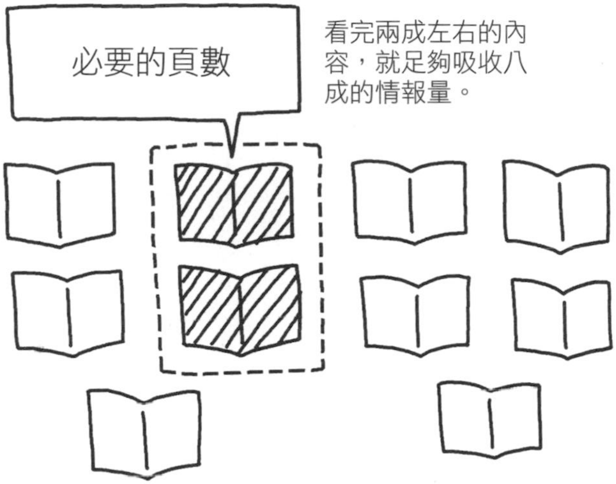
必要的頁數
看完兩成左右的內容，就足夠吸收八成的情報量。

重要的部分。

你或許會覺得這樣的做法有些「投機」，不過這並非什麼難以接受的做法。

其實在日常生活中我們多少有過類似經驗。當你一踏進服飾店的時候，很自然地在一瞬間就區別出，哪些衣服是你想要的，哪些又是你不需要的衣服。

當然，你在挑選的時候應該會有幾個候補，不過絕大多數的衣服早就不在選項之中。

這個「分類」的過程，幾乎是在沒有意識的情況下發生。既然這是「理所當然」的事情，那我們就沒有必要感到抗拒。而且正因為是自己需要的東西，不就更應該依照自己的意思，挑選對自己有益的重要部分嗎？

愈是沒有時間的人，就更應該善用這個**「取捨」情報的方法**。也就是說，比起理解能力，你更需要明白「什麼才是對自己而言最需要的情報、知識」，只要能夠確立這一點，無論是誰都能夠做到「速讀」。

特別是現今有許多書籍都是為了讓人能夠「速讀」。比起慢慢花時間享受閱讀樂趣的書，這類能夠讓人在短時間內獲取大量知識、情報的書單，還是比較受歡迎。而且橫跨的領域不但廣泛，還針對不同族群做出調整。

現在，就選擇一本書練習「取捨」知識和情報吧。即使不斷地看同一本書，也能夠鍛鍊取捨的能力。此外，切記千萬不要上網搜尋概要、重點。無論如何，親自到書店享受書本的滋味，可說是通篇最重要的一步！

三分鐘，你抓得出重點嗎？

為了能夠將「速讀」運用得更為純熟，需要一些練習。訣竅就在於，把書「弄髒、弄舊」。像我前文的建議，最好的方法是使用三色原子筆或是螢光筆來圈重點、畫線。即使沒有這些文具也能夠標註重點，**只要將自己覺得重要的書頁折起即可**。若是極其重要，你甚至還可以在上半部多折一個角。

如此一來，你的書應該到處都是汙損和折角。下次複習的時候只要翻閱這些重點，就能夠獲取足夠的情報，同時還能節省時間。

還有一項重點，就是速度。大學任教時，我曾經出過「每週看五本書」的課題，並要求他們於下週上課時在全班面前發表看法。這樣的課題對平時沒有閱讀習慣的學生而言，可以說是「苦行」了，不過即使是這樣的學生，也都在不斷反覆練習後逐漸習慣閱讀。

不只如此，我會更進一步地要求學生們交換彼此帶來的書，拿到的書必須在三分鐘以內看完，然後向原持有者講述書本內容。乍聽之下或許有些強人所難，不過實際試行後效果意外驚人。

雖然別人的書沒辦法折角、畫圈，不過大致方法相同。只要從散亂的文脈中理出重點，大略掌握全書要點即可。

雖然，這樣一來會忽略到細節部分，但就算你逐字逐句地細讀，一年過後大概也沒辦法詳細地和別人說明細節。與其花時間專研沒辦法長久記憶的瑣碎部分，倒不如約略、宏觀地掌握內容就好。

年代較為久遠的書籍確實需要耗費時間研讀，但是近期出現的書籍大都約略看重點即可，假使覺得三分鐘看完實在有些困難，建議可以試著先給自己設限，至少三十分鐘內把握要略。

更進一步地說，即使只是替自己設限三十分鐘，閱讀的習慣同樣會有所改變。透過這樣通盤性的閱讀方式，練習如何抓出重點，持之以恆就能學會如何取捨、選擇的能力。

讀書就像做造型，得會重點搭配

該如何在三十分鐘看完整本書呢？首先，我們應該先從「目錄」著手。近年來的出版品都相當進步，只要看過目錄大致能理解各個篇章的重點。目錄其實就是鳥瞰圖、全書的概要。

最近，有些出版社還會在古典書籍的目錄上加註概要，做法或許有些爭議，不過確實能夠讓讀者更輕鬆、自在地接觸古典文學，並且達到推廣名著的效果。我想，無論是什麼樣的書，即使論述優秀、觀點超群，內容要是艱澀難懂，就很容易被埋沒，而這想必不是作者所樂見的。

瀏覽過目錄後，接著就是從中尋找認為是重點的部分。大略看過、再以「如果自己要為這本書寫推薦序，會選擇哪些部分」為前提，**選出三項重點段落或是篇章**。不管是記在筆記本上、還是透過行動電話的記事功能也好，只要讓自己有個印象就足夠。

如此一來，閱讀時的重點也會在不知不覺間改變，即使短時間內也能快速掌握要點。

更極端而論，只要能夠舉出三項重點段落，幾乎可說是讀通了整本書。甚至可以說，只要做到了這一步就等於已經彙整出屬於自己的心得、要領。

承如前文所述，自己的想法不必「百分之百」從裡到外都是自己的東西。引用、節錄也是相當優秀的表達方法。

只要以造型師為例，就能更加理解。

造型師的工作就好像「引用」，只是單純挑選、搭配衣服，並不需要一定會做衣服。然而，從來不會有人覺得造型師「腦袋空空，什麼想法都沒有」。不同的場合如何搭配服飾，如何襯托穿衣人的優點、遮蔽缺點，通盤考慮後，才選出最合適的搭配。當然，結果也會反映造型師本人的個性、品味，因此同樣東西交由不同的人搭配，結果也不盡相同。

閱讀新書時也是同樣的道理，該如何從中挑選出最適合的重點，也是需要經過一番苦思的。雖然沒有一定的答案，不過確實需要相當的經驗和解讀能力。看似簡單，卻是相當深奧的技巧。

說到這裡，各位可能會覺得疑惑，我所說的「速讀」和一般常見的「速讀法」有什麼樣的不同。速讀法著重的是以高速看過每字、每句，比起閱讀倒比較像是「照相」那樣的感覺。

而我在此處所提的速讀，其重點並非快速掃視文章，而是約略審視文章，然後快速地從中擷取重點，著眼點在於後者的「擷取概要」。這麼做的用意在於「讓自己熟悉、習慣思考」。

若只有快速看過文字，是沒有辦法習慣自己思考的，這種感覺就好像，「用探照燈搜索獵物（重點），撲殺之後再好好吮指回味（自我思考）」。

這麼一來，我們所選出來的部分，其實就是最精華的內容，理所當然值得我們花時間細細咀嚼。除了用筆作記號外，情況許可時甚至可以嘗試將重點朗誦出來，更能幫助記憶。

從小說中，看見嶄新事物與觀點

說到最適合「慢讀」的類型，當屬小說了。例如，由諾貝爾文學獎得主馬奎斯（Gabriel García Márquez）所寫的長篇小說《百年孤寂》，故事敘述某家族的興亡故事，文章整體節奏不若日本小說那樣清晰、明快。故事中的人物不斷重複著前人的過錯，就好像迷失在走不出去的森林之中。

小說營造出一種極其獨特、引人入勝的氛圍，卻又不失教育意義。在那個沒有宗教與法治，甚至沒有任何人可以告訴你究竟該如何活著的時代，人們在百年之間不斷地重蹈覆轍，一次又一次地犯下同樣的錯。父親的過錯由孩子重演，孩子的過錯由孫子重演。其中許多的含意，都值得我們花時間細細思索。

這個例子或許有些極端，不過小說的樂趣不就是帶領我們遨遊超脫日常的世界嗎？這種感覺，有些相似於搭飛機進行的海外之旅，總讓我們感到心曠神怡、對未知的世界充滿期待而興奮不已。

閱讀小說雖然是種娛樂，但絕非僅此而已。當我們在閱讀小說時，心境也會隨著劇情而感到動搖、雀躍不已。這同時使得我們的感知變得柔軟、敏感，頭腦更加靈活。

即使你擁有明確的主張和理念，若是思維不懂得變通、一味地固守成規，就很難有新的靈感，甚至可能被周遭的人稱為「死腦筋」。靈感是需要培養的，遇到狀況要能夠讓心去感受、去遨遊，要學習放開，試著讓自己處在餘裕的心境中。

但是只顧著玩，頭腦可不會自己動起來。重要的是如何維持自己的理念與主張，同時能夠寬心接納外來事物。就好像是，**左手提著名為「主張」的手提包，右手則隨時保持空間，每當遇到新的狀況、事物，右手就負責將這些嶄新的事物、觀點塞進包包中**。

不失自我卻能廣納意見，對於社會人士而言最為重要。平日總是聚精會神專注在工作上，久而久之就習慣以合理、邏輯性的觀點看待事物。這樣一來，眼中就只會剩下「能否成功」、「能否得利」這類功利的概念。而這些東西會使我們的心智失去靈活、豁達的態度。

所以，拉長時間軸概觀地審視人生，宏觀地看待事物是必要的。而小說正是為此存在的工具，透過故事中的角色和他們各自的境遇，看盡人生的無常與失落、歡喜與悲傷，我們多少也能看見一些人生的實貌。

日本小說家太宰治的代表作——《供餐夫人》（暫譯），敘述一位負責上菜的女士，故事中她明明已經疲憊不堪，依舊必須不斷地歡迎源源不絕到來的客人。雖然這些客人恬不知恥，但是供餐的女士依然得放低身段迎合他們。最後情況不但沒有好轉，反而朝向更險惡的情勢發展。接近尾聲時，作者太宰治藉由講述這段故事的副手之口，說了以下這段評論：

……除了對於那位女士深不見底的溫柔感到愕然外，同時第一次體認到，人這種生物，似乎真的擁有禽類所沒有的東西。某種既崇高又可貴的東西……。

這樣的價值觀在現今商業化的社會中已經少有，正因為少有，才有了解的價值，也再次讓我們意識到人類不能一味盲目追求效率。不只有《供餐夫人》而已，太宰治作品筆下的角色，大都以有違一般社會價值觀的方式，過著超脫常理的生活。這些人大多意志薄弱、優柔寡斷，不但怕事還靠不住。不過，讀者們總是能在他們身上窺見獨有的理念與活下去的意志。也正因為這一點，才賦予了這些角色生命力、說服力以及現實感。

當你在閱讀這樣的作品時，一定能夠感受到自己的想法有所轉變。重新讓我們省思身分、名聲或是收入，是否那麼值得我們拚命與他人競爭。在思考這些問題的同時，滋養了我們身為「人」的部分。這也是文學的意義、價值所在。

舉例來說，愈是被周遭認為「有工作能力的人」，反而不會有「工作等於一切」的想法。提供心靈充足的思考空間，能夠避免工作壓力過度，造成眼界狹隘、知識閉塞的狀況產生。

雖然，「有工作能力的人」不見得會閱讀小說，但透過閱讀，會大幅增加成為一流人才的可能性。

推理懸疑，頭腦明晰的特效藥

即使是普遍被認為娛樂作品的懸疑推理小說，也能成為培養思考能力的助力。因為這類作品中通常都有許多好點子，而且錯綜複雜的故事情節、詭譎多變的圈套，時常將讀者們騙得團團轉。

當讀者們好不容易解開謎底時，應該都會有自己實在聰明過人的錯覺。這是因為書中不斷出現的「陷阱」，讓我們學會謹慎、避免再次上當。

然而，這類懸疑推理的作品同時也是雙面刃。一旦著迷，就很容易只專注於閱讀推理小說，而遺忘了其他不同風格的作品。即使好不容易跟著前文所說，學習了那麼多的絕活，若只顧著閱讀推理小說，實在難以開闊自己的視野與胸懷。

這就好像，說要出去玩卻只能想到迪士尼樂園一樣。不過，比起連迪士尼都不知道，至少還能舉出例子就已經相當不錯了。

平時工作忙碌的時候，身體通常都會感到疲憊而想要好好放鬆。但是當工作忙到不可開交，身體就會因為交感神經亢奮而遺忘了倦怠感。雖然那種興奮感讓人感到心曠神怡，不過卻相當危險。一個不小心就會讓身心崩壞，進而導致失眠、食慾不振、手腳冰冷等病症出現。

在這種情況下，我相當推薦懸疑推理這個「特效藥」。趕上班的途中，能夠有這麼一小段時間抽離現實，讓身體適當地放鬆、稍稍喘口氣，就會好像享受一個人的露天溫泉般宜人。

無論如何，我想，推理懸疑小說的樂趣在於一邊讚嘆作者的思慮縝密，一邊感嘆自己的魯鈍，享受突發劇情之餘也讓我們體認「頭腦明晰」的真義。

思考契機，就在每天的新聞中

想要獲取情報、知識，來源不見得只限於書籍、刊物。若以刊載的量和議題廣度來看，新聞同樣是可貴的知識來源。現今這個時代，已經鮮少有人願意掏錢買報紙。大抵是因為大眾普遍認為，「新聞」只要看看電視或上網就夠了。

事實上，平時有閱讀報章雜誌習慣者和沒有這個習慣的人，之間有著極大的差異。因為新聞不是只有刊載一次性的情報，其中含括了許多針對當代社會賢達的專題採訪，或是學術界、業界的學術論文、分析評論，對於事件和事故則有更深入且全盤性的探討。

將這些情報與知識，結合以前看過的經典作品，更能從歷史的角度宏觀且公正地看待事物，同時擴展我們自身體驗。

因此大學任教時期，我主張半強迫性要求學生們閱讀新聞，除了要求他們製作一本「新聞剪貼簿」，並囑咐他們剪下當週新聞中滿意的部分，再統整成自己的觀點後、貼在這本冊子上，最後在下方批註自己的評論。

要做到這種地步，沒有一定程度的知識量和記憶力是辦不到的。不過，正因為是如此耗費心神的作業，才會全神貫注地詳讀新聞內容、收集資料。這也是我為何如此推崇把新聞當成教材的緣故。

如此持續兩週，學生們對於社會的關心程度就會顯著提升，同時可以培養閱讀新聞的習慣。對社會議題的敏感度及好奇心，可說是現代社會中引發思考契機最不可欠缺的東西。

收集情報，比網路效率更好的是……

此外，和網路相比，雜誌更適合收集情報。從雜誌中獲取的情報精確度、正確性向來較高。因此，在時間與獲取資訊量的投資報酬率上，也有相當的程度。網路上雖然滿溢著各式情報，但雜誌上的內容因為經過編譯、篩選，不太需要再自行統整，就能夠拿來使用。

其中，月刊的專題訪問更是一個難得的情報源，還能讓我們接觸各方不同領域的知識。而且，雜誌刊載的資料可信度較高；再者，要獨自一人收集大量情報非常耗費時間與精力，更遑論還得加上統整資料的時間。只花一點錢購買雜誌，就能節省掉上述的時間成本，算是相當不錯了。

閒來無事的時候，就到書店或便利商店的雜誌區翻翻；或是到圖書館時順便繞繞雜誌區，也是讓自己增廣見聞、「安上天線」的好辦法。

無論是雜誌也好、新聞也罷，建議各位可以先從「學術修養」著眼。主因是網路上的情報實在過於氾濫，為了導正這一亂象，最近又開始著重培養「學養」、「素養」。學養即是，「如何從眾多的情報中掌握事物的本質」、「又該如何將這些情報彙整成有用的材料」之應對能力。

每當諾貝爾獎發表時節，總會有許多相關報導。特別像是化學、物理這一類較為專業難懂的領域，必定都會有詳細到外行人都能夠明白的解說。這種高度正確性的情報，最適合讓我們培養自己的學養。

對於平時不常接觸這一範疇的人來說，只要看過詳解、大致掌握其中原理，必然會感到既新鮮又驚訝吧。若是有機會能夠和人分享這些新知，便能給周遭的人帶來「這個人學養很好」的良好印象。

原創觀點＝模仿＋消化＋編輯

現今社會所要求的基本能力，當屬**編輯**、**彙整**，**凝聚自身思想的能力**。若只因為看過《資本論》，就對馬克思描繪出來的理想世界充滿憧憬的話，可以說是沒有自我的表現。

然而，要百分之百依賴自己的力量完成「觀點」，是件十分困難的事。說不定就連偉大哲人尼采也辦不到。就因古希臘的悲劇作家，而有歌德；再因歌德的存在，才有了叔本華的繼承，最後孕育出尼采和他的思想。這些人的理念大多息息相關，雖然其中有些差異，不過大致上都能看見彼此的影子。

雖然，以哲人們為例多少有點太看得起自己，不過我們的情況其實相去不遠。如何將四處漫溢的情報、彙整成我們需要的東西，如何取捨、融會貫通已達學以致用，這些都是我們必須學習的東西，而這正是「編輯」的能力。

我們就來做個假想實驗，試著設想如果自己是雜誌編輯，會想要以什麼樣的方式呈現這本雜誌。從書本、報章雜誌、網路、友人間收集而來的情報，究竟能夠整合成什麼樣的報導，如何做出擁有自己觀點的專題，或是該下什麼樣的評論。甚至還要考慮，究竟要以「月刊」還是「週刊」的形式呈現……這些因素都會影響編輯方針。

要做到以上假想其實並不麻煩，只要借助電腦的力量就可以辦到。即使只設想目錄，也能夠讓我們對事物的整體樣貌有更深刻的理解。最後我們所呈現出來的東西，想必非常精采出色。

決定成果優劣的關鍵，其實是「概念」。倘若只是匯聚許多有趣的情報，是無法拿出來向別人「兜售」的。在我們向他人呈現的概念或是假想雜誌中，最根本的東西是其中蘊含的一貫主張。正因為有貫徹始終的視點、理念，才能讓別人看見「我們的思想」。

那麼，接下來要探討該如何確立自己的視點。其實方法並不難，只要留心文字即可。在數以萬計的情報，以及相互交雜的文字間，選出覺得有趣的部分，收集愈多就愈容易雛塑「自己的想法」。

然而人的記憶力有限，因此建議大家善用手邊的筆記本、手機，幫助自己收集這些文字、片段。

你或許會想，若從報章雜誌中收集，不就單純只是拾人牙慧的行為嗎？其實不盡然，**因為最後選擇、消化這些東西的終究還是自己，不斷地從自己身上精煉而來的東西，只要累積到一定程度，自然就會透露出自身的理念**。

最後一個步驟，就是將這些精煉出來的文字、轉化成我們原創的理念。倘若一開始就想要從零自創理念，只會讓理念變得空洞。反之，若一味追求情報量就會失去獨創性。因此，將兩者彙整成一的「編輯」能力不但重要，也能幫助我們清楚呈現自己的觀點。

第5天

改變未來的關鍵，提升「決策力」的不敗思考術

「思考」的最佳體現，就是決策後、付諸行動。僅僅一個念頭，將會大幅度改變現況，然而一旦下了決定，往往是無法輕易反悔的。相反地，與現況差異不大的想法，其實也沒有什麼意義。

舉個例子，進了大學的某學院或學系之後，往後若是想要轉系，往往不是那麼容易。又或者，一旦步入婚姻，往後想要離婚，勢必得耗費大量的心神及時間。正因為如此重要，「下決定」需要十足的膽識。

因此，在得到結論之前，必須不斷反覆推敲、思考。哲學家笛卡兒曾提出以下見解：「若能反覆思考至自我的極限，則必定不會後悔。」

決策力——不被社會淘汰的力量

以我為例，在進行重要決策時，我會事先**將所有重點寫在紙上**。然後以其為依據、擬定方針，並推演、設想最糟糕的情形後，才進行決策。依循上述的方法，基本上不會有太多意外，即使犯了錯，也會在預想的範疇內，因此能夠有效降低憾事發生的機率。

而身為經營者，更是每天都必須面對各種抉擇。一個人若是能夠不犯分毫的錯誤而進行決策，那麼他絕對有資格被稱為優秀的經營者。

豐田汽車的豐田章男社長，在二〇〇九年就任後，從子公司調回六位副社長並加以提拔，此事在當時一度引起熱議。而他的解釋是：「現在的副社長階層，都是曾經在子公司擔任過社長的人（除了小澤哲副社長外），因此這些人大多有決策的能力。副社長的工作不外乎是『社長的代理人』，無法達成果斷決策的人，就無法勝任……。」（引自《週刊Diamond》，二〇一三年十一月三十日號刊）

若是大企業的高層人員，決策可說是一項重責大任。但是從高層的角度來看，必定也會期待部屬具備一定的決策能力；而部屬也將如此期許他的下屬。無論是多大規模的企業，這一點都是不會變的。

如此一來，等於所有上班族都必須具備相當的決策能力。現在這個時代，只會服從主管下達的指令，總認為「多一事不如少一事」的人，通常容易遭到淘汰。因此**無論職等階級，「決策力」都是不可或缺的工作能力之一**。

當然，決策必定伴隨著孤獨以及責任。有時可能會遭到批判，甚至喪失原有的地位。不過，能夠接受並且跨越這道難關，才是真正具備決策能力的人。

找一個聽衆，論點自然出現

那麼，我們究竟該如何培養決策力？

最基本的方式是猶如結算收支一般，列舉並逐一檢視決策可能帶來的所有利弊得失。思考這項嘗試伴隨的利益以及風險，尤其是風險的嚴重程度是否在可承受的範疇內，更是判斷的重要參考依據。

分析利弊時，與其他人討論是一種意外有效的方法。實際陳述「這項決策的利

圖 5-1　寫下思考決策的優劣

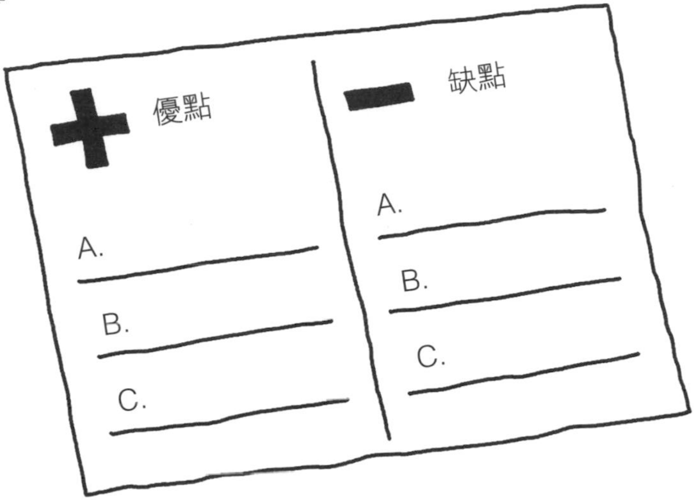

弊分別是……」、「我著重的部分是……」等想法，能夠有助釐清思緒，找出明確的行動方針。

討論的對象雖是經驗愈豐富的人愈有利，但無須侷限於專家。極端而言，只要對方是一名好聽眾，是誰都無妨。因為討論的目的，只是為了整理自身的思緒。

就這層意義而言，這樣的對話並非一般定義的「討論」，而是「與自我的對話」。說得更直白一點，就像是對著上天傾訴心事。反過來說，唯有寬大心胸者才能成為一名好聽眾。我建議各位最好在平時尋找適當人選，而請對方傾聽的同時，必須抱有日後成為對方聽眾的覺悟。

傾訴的對象也可以是自己的孩子，撇開過於重度的心理問題不談，有些問題即使事關重大，其實仍是可以與孩子一起討論。以我自身為例，我在面臨重大決策時，曾數次徵詢孩子的意見。像是對書名猶豫不決時，我會問他們：「你覺得哪一個書名比較好？」

徵詢意見時，我會向他們詳述該書的寫作目的、目標讀者群及內容。經由敘說，我能夠重新回到原點思考。孩子即使對內容一知半解，依然會提出他們的看法。這些看似微不足道的意見，有時也會點出「盲點」，或是給予我決策的信心。

面對恐懼，才能勇於思考

壓力是決策時的最大阻礙，心理上的負擔經常會對思考能力造成負面影響，使人無法做出恰當的判斷。雖然，完全摒除壓力並非那麼容易，但可以藉由心理建設來減緩壓力。我偶爾會做的心理建設即是：「反正再壞的情況也死不了。」

當然，這世上必定存在著只要稍有失誤、便會命喪黃泉的危險工作，但在多數職場，無論犯下多麼嚴重的失誤，都不至於遭到「處刑」。只要這麼一想，便能卸下肩頭上的壓力。

老實說，曾經身逢「絕境」的人，其精神會比一般人更加強韌。我曾與奧運柔道項目的金牌得主——野村忠宏先生，在雅典奧運前（他在該屆奧運達成金牌三連霸的偉業）對談過。

野村先生當時說了一句讓我頗感意外的話：「在比賽前，悲觀的念頭會占據我的腦海。腦中不光會充斥著對方可能會攻擊我哪個弱點、我可能會陷入什麼樣的困境等悲觀的想像。甚至還會想起我在小學時曾經輸給女孩子，這種與當下毫無關連的負面經驗……。」也就是說，野村先生會陷入無法弭平內心恐懼的狀況。

然而，在他悲觀到了極點之後，反而會重新振作起來，當他站到賽場上時，甚至會湧出一股「金牌得主、捨我其誰」的自信，這就是頂尖選手的境界。從奪得三面金牌的野村先生口中說出這番話，格外具有說服力。

在運動員中，想必也有人是抱著「只做樂觀的想像」、「堅信勝券在握」的心態，雖然這也是一種心理建設，但我認為在勇於面對並且克服自身的恐懼後，如果還能認為「自己果然是最棒的」，這樣的信心似乎更為強韌。

運動員的這套心理建設，同樣適用於一般人。恐懼存在於我們每個人心中，當恐懼占據我們的心，便會妨礙思考。對於恐懼，我們也可以視而不見，但**鼓起勇氣徹底面對內心一切的負面情緒，或許反而能招來更好的結果**。因為，無論結果再怎麼糟糕，只要心裡有了底，便能處之泰然。

你有多少空間可以「做決定」？

就某種層面而言，過去的日本其實是個無憂無慮的社會。由官僚體系的菁英分子主導國家的運作方針，以「護送船隊方式」（譯按：原是軍事術語，指船隊中若有航艦因故減速時，其他船艦也會放慢速度。後引伸為日本戰後為防止金融機構倒閉所實施之策略）的政策庇護屬於「底層」的族群。

多數的國民不需要以自身意志做出重大抉擇，只要聽命行事便能度過平穩順遂的生活。然而正如大家所知，近年來世界在瞬息萬變的潮流下，往昔的社會形態早已分崩離析。在這個時代，企業為了求生存，唯有脫離政府的庇護，學習獨當一面才行。

想要跟上世界的趨勢，關鍵便在於——小事上達到自立自決。舉個例子，日本知名連鎖餐飲店「餃子的王將」，據說把定食以外的菜單，都交由各店長自行安排。即使是全國連鎖店，倘若菜單一成不變，難免會缺乏新鮮感，況且獨門菜單也能彰顯當地的特色，因此決定將部分經營自主權委任予店長。而店長接下這般重責大任，也會抱有必須善盡職責的自覺。

此外，日本著名量販店「唐吉訶德」的店長們，據說會親自到周邊競爭對手的店內探查，因應對方的價格調降售價，打出「本地最低價」的促銷口號。換言之，店長擁有制訂價格的權限，責任之重，可見一斑。

然而，如此賦予權限與責任的做法，正是訓練決策力的不二法門。雖然，一下子將所有權限委任他人難免過於冒險，但只要一步步開放自主判斷的範疇，便可達到鍛鍊決策力的良效。

我在教導學生時，也會安排各種課題讓他們學習做決策。光是在課堂及研討會上議論或鑽研高深學問，並無法使學生成長。因為這些場合上的主導者是我，學生其實是置身事外的。人唯有在背負責任時，才有辦法打從心底認真完成一件事。

因此，我會定期安排學生到國中實習授課，或是請他們規劃與小朋友一同遊樂的計畫。當學生成為主導者時，他們會認真地去思考。許多學生在結束實習後，都變得判若兩人、成熟許多。

其中的重點就是讓學生「擁有可以自行做決定的領域」。當人擁有能夠自由發揮的空間，並且要為自己的成果負責時，自然就會掌握自主思考、決策的方法。

換句話說，**決策力的養成取決於組織能夠給予年輕員工多少自主權，亦或個人能夠為自己爭取到多少做決定的空間**。當然，並非只要胡亂給予自主權就能達到成效，在給予或是爭取自主權時，都必須謹慎評估個人的能力及風險。若能夠達到上述條件，必然能夠達到養成決策力的效果。

觀摩頂尖人士的工作狀況

如同大多數的技藝一般，要掌握如何正確決策的訣竅，「模仿」與「學習」是不可或缺的。前陣子，我從某間電視台的製作人口中聽到的一席話，更加驗證了我的想法。

電視製作中有一項職務叫做助理導演，職責在於輔助導演。擔任助理導演者，透過現場的磨練，實際觀摩、學習導演的工作，以未來成為獨當一面的導演為發展目標。

然而，由於人手短缺，有些助理導演甚至必須同時應付五位導演。在繁忙工作之下與每位導演的關係便愈漸疏遠，幾乎淪為打雜人員。對於導演而言，並不影響他本身的工作，但在這種情況下，助理導演常常忙了半天卻學不到任何本事。

電視台其實並不樂見這種情形，畢竟如果只是處理雜務，就連臨時工都能勝任。似乎因此有人提議直接廢除助理導演的職務，直接雇用打工族。然而令人糾結的是，這麼做將會使未來的導演人才更加匱乏。

最理想的狀況，是在每位優秀的導演身邊安排一名固定的助理導演，讓助理導演能夠隨時協助以及觀摩導演的工作。因為，製作節目的學問以及應對各種場面的方法，絕非一朝一夕便能領會。但考量到預算以及其他層面，究竟該如何取捨，也是電視台當前的一大苦惱。

其實仔細想想，這套培育人才的方法完全可以套用於任何產業。在觀摩頂尖人士工作的過程中，所得到的收穫並不僅限於技術或知識，還有心態上的飛躍成長。

在政治圈，同樣有不少擔任過政治家祕書的人士，後來跟著踏上政治之路。這或許也是理所當然地，畢竟祕書必須隨時跟在政治家身旁，將雇主在檯面上下的行動全都看在眼裡，久而久之自然明白政治家應有的姿態。想必也有不少人是以政治家為志向，而成為祕書的。

即便是一般上班族，倘若有機會在頂尖人士身旁工作，建議最好盡量把握機會學習，縱使待遇不甚優渥，但只要想想自己所能得到的額外收穫，想必一切都是值得的。

愈是優秀的人，通常對於工作的態度就愈仔細、嚴格，共事時必然會遭遇許多挫折，能否將這段過程視為磨練，接受對方的教導，將會大幅左右未來的發展。

找一位「職場老師」，培養當事者意識

在過往的師徒制度中，跟在別人身旁學習是理所當然的事。日本的傳統技藝落語或是能劇，便是採用典型的師徒制。一旦向一位師父拜師學藝，即不得再向其他人學習，弟子甚至不會懷疑其他師父可能更適合自己。師徒制的精髓便在於一對一

教學，師父對徒弟傾囊相授。

例如，落語大師立川談志的弟子——立川談春在其著作《紅鰷魚》（暫譯）中，提及談志大師會對弟子拋出超乎常識的「難題」，將弟子每天耍得團團轉。但即便如此，弟子們依然追隨在師父身後。原因除了談志大師本身的魅力外，或許也因為師徒制的價值觀認為，一旦拜師學藝就應當專心致志的緣故。

或許師徒制已經有些過時，但不可否認的是，它確實是一項極為有效的培訓制度。實際上，某些企業也會施行「員工師徒制」，讓資深員工一對一地指導新人專業技術及各種職場學問。

師徒制不僅能讓徒弟從師父身上汲取工作竅門，更重要的是讓徒弟在學習的過程中產生「當事者意識」。只要跟在頂尖人士身旁，見識他們的工作方式及態度，自然會受到薰陶。當徒弟心中抱有「我想像他一樣」、「我想成為頂尖人才」的想法時，便會勤於思考。

以前述在電視台擔任助理導演的人為例，其中可區分為「有當事者意識」與「沒有當事者意識」兩種人。前者打從心底以成為導演為目標，態度積極好學；後者則是把工作當成打工看待。

從導演的角度來看，後者的表現實在令人搖頭，動作慢吞吞、反應遲鈍，一再犯同樣的錯誤，嚴重者甚至還讓導演費心替他善後。業界人士不以「助理導演」稱呼他們，而是稱為「扯後腿導演」。

為了避免被冠上「扯後腿」的汙名，我強烈建議大家為自己找一位「老師」，只要改變意識，思考方式必定大不相同。

快思、慢想，你得會用

知名作家康納曼（Daniel Kahneman）所著的《快思慢想》（*Thinking, Fast and Slow*），在社會上掀起一股討論的熱潮。按照書中所述，人類在決策時的思考系統分為直覺式與邏輯式兩種。

這項理論聽來確實頗有道理。在日常生活中，即使沒有意識到，我們也會按照情況，隨機應變地使用這兩種思考系統。

書中提倡人們應該有意識地去駕馭這兩種思考系統，以提升思考力。換言之，該書的內容即是將「思考」區分為兩種，點出我們應鍛鍊直覺思考能力，同時學會理性分析直覺的判斷是否正確。

那麼，我再更深入說明這兩種思考系統。

首先，直覺式的「快思」指的是像：「雖然沒有理由，但我就是覺得這樣比較好。」這種一瞬間內便能做出判斷的思考系統。這項能力對於經營者等極需決策力的職務尤其重要，畢竟經營者每天必須做出眾多抉擇，根本無暇一一思量。

我曾與電影導演周防正行先生在某個電視節目上同台，他當時說過：「電影導演的工作就是一連串的決策。」工作人員與演員們會圍著導演問：「這套服裝可以嗎？」、「攝影機這樣可以嗎？」、「這樣的天氣可以嗎？」、「演技是否需要修正？」而且導演還必須一瞬間做出指示，一旦遲疑，就會導致其他作業一併停擺。若非在開拍前便建立好具體構想，否則必會應接不暇吧。

也就是說，**愈能迅速判斷的人，便代表其經驗與想像力愈豐富，並且擁有自己一套明確的做事方式**。電影巨匠小津安二郎導演曾說：「我是賣豆腐的，也只懂得做豆腐。」想必小津先生在規劃鏡頭角度、台詞節奏時，應該也是以自己的美感作為判斷依據。

直覺，來自不斷累積的經驗

訓練直覺思考力，最好的方法是累積實務經驗。以棒球教練王貞治先生為例，他在卸下球員身分後，曾在巨人隊擔任藤田元司教練的助理教練。

本人卻稱這是一段「不怎麼管用的經歷」，雖然並非毫無收穫，但助理教練不同於總教練，是一個不須做出決策的職務。從累積經驗的角度來看，這項職務或許並不符合王貞治先生的期待。他曾說：「與其擔任助理教練，不如去當二軍的總教練。」因為即使手下的球員實力比不上一軍，但只要冠上總教練的頭銜，就必然得做出決策。

雖無法想像職業球壇的嚴苛程度，但我能夠理解他的心情。

根據某位在大企業負責人才錄用的友人所述，他在評量有工作經驗的應徵者時，最注重的是對方**曾經做過什麼樣的決策**。即使原本任職於小公司，但只要本人習慣下決定，無論碰上什麼樣的難關，也能夠應付自如。反之，即使原本任職於大企業，若是只會聽命行事、過一天算一天的人，則大多不堪考驗。而企業想錄用的無疑是前者。

經驗多寡對人的影響，即使在學生身上也表露無遺。例如，赫赫有名的明治大學曼陀林（Mandolin）樂隊，是由日本著名作曲家、吉他演奏家——古賀政男參與創辦。

如今，歷史悠久的曼陀林樂隊，其規模之大已超過一般社團的範疇，甚至會到全國各地展開「古賀政男金曲」巡迴演奏會。該樂隊的隊長幾乎形同專業的活動企劃師，只有具備超乎常人的管理能力及決策力的學生能夠勝任，自然會是企業間炙手可熱的人才。

當然，沒有人生來就具備瞬間做出決策的能力。然而，在見識過不同的狀況、面臨抉擇、反覆推敲、歷經挫折後，我們的感官會漸漸學習：「在什麼樣的狀況下應當做出何種判斷才對」。經驗會幫助我們快速做出決策，這也是每個人獨一無二的資產。

「想像」各種可能性

相對於「快思」；「慢想」的作用則是以邏輯思考，驗證直覺判斷是否正確。慢想的過程包括聽取多方意見，調查市場反應，將各項條件列為清單，藉由上述行動開拓視野，因此難免曠日費時。

優秀的經營者即使在做出直覺式的結論後，也會刻意保留在心裡，不採取行動。的確，速戰速決得出的判斷有時可能出錯。經營者同時應具備深思熟慮的能力，讓直覺式判斷更顯完善。

我在會議上或是透過電子郵件收到工作邀約時，經常會不假思索地答應，但事後又感到後悔。雖然效率相當重要，但在實際展開行動前，至少應該先了解詳情或是向他人徵求意見，而這些都是屬於「慢思」的範疇。

慢思的目標，是達到能預先設想各種情況的境界，讓凡事都能在自己的「預料之內」。雖然這項工程極為費時又需要想像力，但若將所有可能性都掌握在手上時，信心必能大增，應對定能更加從容。

日本知名入口網站活力門（Livedoor）的前總經理——堀江貴文先生，曾因併購日本放送（日本最大的調幅廣播電台）等舉動而引發熱議。他當時的口頭禪是：「一切都在我的預料之內。」其中或許不乏裝腔作勢的成分，但其臨危不亂的姿態，確實令人感到耳目一新。

我想堀江先生在面對挑戰前，應已經過一番沙盤推演。他之所以能夠在各方批評的同時，卻又廣受年輕族群的支持，便是因為他的態度之「堅決」。這是只有已將所有可能性都納入考量的人，才能達到的境界。像堀江先生這般理性卻又豪放，能夠以一己之力做出抉擇、披荊斬棘的人，正是往後必要的人才吧。畢竟，只懂言聽計從的企業實在缺乏競爭力。

不過，不懂瞻前顧後，一味向前衝刺只是有勇無謀。但若是經過沙盤推演的進軍，則不容易遭遇挫敗。即使出現突發狀況，只要是在自己的預料範圍內，即能保持沉著。

切忌顧此失彼，埋頭於推演而使得直覺變得遲鈍，必須學會在兩者間取得平衡。最理想的狀態是，將「直覺」與「推演」當作左右手一般，用雙手牢牢掌握住事物的本質。

我認為駕馭這兩者的技巧，應當融入義務教育的課程中。例如國中數學所教導的證明題，作答訣竅是先以直覺找出解題方向，再以理論推演。換句話說，證明題囊括了「快思」與「慢想」的要素，是學生學習兩者必要性的最佳教材。

然而在學校裡，卻只將證明題當成數學課程的一部分。又以國語為例，同樣的小說，最初大略閱讀一遍與再度細讀，會有截然不同的感受。藉由這兩種閱讀方

圖 5-2　直覺與推演，兩者不可或缺！

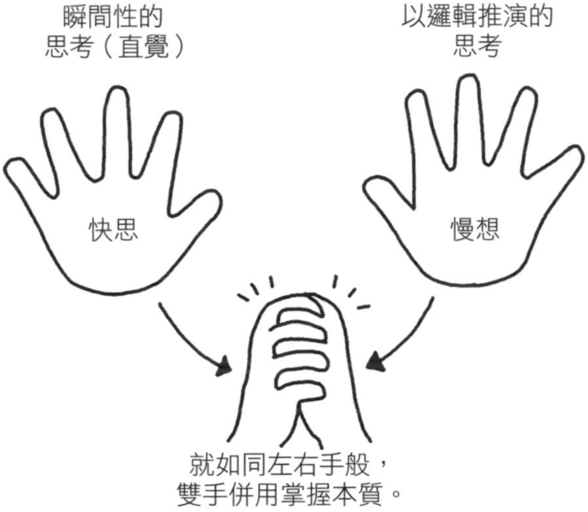

式，讀者才能真正地領會作品的奧妙。這是一種「快思」與「慢想」的應用，學校教育應當如此教導學生才對。

就概念上來說，「快思」是以直覺理解整體的面貌；「慢想」則是分析各項細節。如果小學開課第一天，將這兩者比喻為左手與右手，教導學生以「雙手併用掌握事物的本質」，想必學生們更能夠清楚明白「思考」的真諦，大幅改變現今國民的思考力。

排定事情的優先順序

「時間有限，工作無限。」想必這是許多人都有的煩惱。我建議大家可以列出「待辦事項表」，當你完成清單的上半部後，自然會發現下半部的內容也已經達成。這麼一來，便不會遺漏重要的工作。

撰寫清單時，決策力依然會派上用場。首先，在清單內排出優先順序最高的三項工作，並且以至少達成首要優先項目為目標。只要每天做到這一點，便無須擔心有重要的工作沒有達成，同時培養決策力。

此外，清單內容並不侷限於重要事項，例如「發郵件給○○○」或是「回電給△△△」等瑣碎小事亦可納入清單中。如此一來，在思考待辦方針時，就多了「先從可以快速解決的小事開始」的選擇。最重要的是將編排清單視為一種訓練，依照自己的判斷區分出事項的輕重緩急。

這種做法也有助於減輕壓力，當心裡想著「還有好多待辦事項沒處理」時，便容易陷入緊張焦慮。但若把待辦事項寫成清單，決定好「今天只要達成這項重要事項即可」，或是「今天以達成前三項為目標」的話，心情便可從容許多。

但是，並非只要編列好清單就可高枕無憂，隨機應變還是不可少。依據情況的變化，事情的急迫性也會有所不同。變化的靈敏度是否足夠、能否適時更動優先順序，同樣必須仰賴決策力。

以自身為例，我習慣將每天優先的待辦事項寫在記事本裡，並會在每個事項旁畫上小方框，完成時打勾、做記號。用紅筆寫下「絕對達成」事項；「有餘力再辦即可」的事項則使用藍筆；其他重要性較低的事，則使用隨時可擦掉的鉛筆。當然，我也會依據情況更改順序，隨時注意事態變化，見機行事。

如同將待辦事項區分出輕重緩急一般，開會時也應該排定各項議題的優先順序。如果只是單純的報告或說明，會後以電子郵件或是書面形式提供給與會人員即可。會議占用的是數個人的時間，比起個人行程應該以其他事情為重。

此外，開會時應該注意每個人發言的時間長短。極端而言，我認為應當規定每個人「一次發言限十秒結束」，讓主席或主管拿著碼表計時也沒關係。只要限制發言的時間，發言者便會只傳達重點。藉由這種做法，能夠讓發言者自發性地辨別什麼事情才是首要資訊。

這套方式源自於個人經驗。在電視節目發表評論時，常常必須將時間控制在十秒以內。我總想在這麼短的時間內大發議論，卻落得發言時間結束、未能談及重點的窘境。在反省過後，我改為**以開門見山的方式論述**，**將最重要的內容及關鍵字擺在開頭**，若有剩餘的時間再補充說明。

只要經過訓練，任何人都能學會這種論述方式。雖然，十秒乍看之下只是「一眨眼」的時間，一開始可能會因為著急而語無倫次，但只要持續練習，漸漸便能說得有條有理。進而明白即使只是**短短十秒**，**也足以表達重要的訊息**。

參加會議，先準備「三大武器」

參加會議或商談時，有三項東西是必備的：**資料**、**觀點和意見**。請各位參加會議前，務必確認是否已經備齊這三大武器。

其中，最重要的是「資料」。毫無根據的議論只是浪費時間，以片面的想像或臆測為依據的討論，更是毫無建設性可言。即使對於某項議題展開正反的辯論，若沒有事實資料佐證，終究只會各執一詞，最後陷入攻訐的局面。這種情況尤其在網路上，更是尋常可見。

唯有雙方站在同等的「立足點」上，才能展開有意義的議論。

最具說服力的資料，便是「數據」。例如關於「酒後肇事」，一般人都會抱持著：政府宣導早已是老生常談，但肇事件數卻依然不見減少的刻板印象。然而實際檢視數據，日本肇事件數在二〇〇〇年為最高峰，其後開始逐年減少，在二〇一三年已剩下顛峰期約六分之一，一年僅發生四〇〇〇件。雖然數量依然可觀，但可以顯見嚴懲的效果。

除了數據外，**「親身體驗」的資料來源**也極具說服力。例如小學老師親身說法：「現在的小學生都……」想必他的意見就會被認為與實際狀況相去不遠，畢竟這是他每天生活所獲取的親身體驗。

就像我有許多學生在畢業後都到國、高中任教，因此透過他們，我可約略知曉現今國高中生的想法。而且，每年我幾乎會舉辦十場以高中生為對象的演講，每場約有一千人參加，合計共與一萬名高中生直接面對面，從他們身上可以直接獲取最真實的資料。

此外，活躍於電視等媒體上的「拉麵評論家」，他們對於拉麵的喜愛，絕非一般程度，而是品嚐過無數種拉麵的經驗，因此對拉麵擁有獨到的分析與評斷基準。即使無法明確地數據化，但這些親身體驗過的資料，都積蓄在他們的腦袋與舌頭中。這也是他們的評論之所以能夠說服人，且令人感興趣的原因。

可是，也有不少誤用經驗資料的例子，較常見的便是僅擷取事物的表象，或是以單一個案評斷，「現在的高中生都是……的德性」，或是「這家店的拉麵上不了臺面」的情形。只是依附個人的偏見或印象，不以資料為依據的言論，缺乏議論的價值。

當然，資料可能出錯。縱使雙方都提出正確的資料，有時也會互相矛盾，或是同樣的數字卻可做出不同的解釋。但只要是以資料為依據，針對解釋展開議論也無不可。不如說，在這樣的脣槍舌戰中，辯論者之間其實是處於合作關係，在雙方同心協力下，激發出更有建設性的結論。

發言有力量，具體意見不可少

開會時，第二重要的是「觀點」。發言者應當向他人闡明：自己是以什麼樣的角度，看待這項議題或是資料。比起主張彼此的正當性，更重要的是試著站在對方的立場思考。

如此一來，不但可能得到嶄新的發現，或許也能找出彼此意見的共通點或妥協處。即使看法不一致，至少有討論的餘地。也可以說，轉換觀點的目的是為了讓雙方取得共識。

而「意見」在會議上也是不可或缺的。雖然互相交換對於問題的看法，若是無法提出「解決辦法」往往只是徒勞。在眾人提出意見、討論修正方法，並加以匯總之後，一場具建設性的討論才算大功告成。

提議時須注意自己的**意見是否具體**，不切實際、天馬行空或是目標過於遠大的意見，都不具意義。正因如此，才必須以正確的「資料」與「觀點」作為意見的前提。

倘若能夠做到「提示資料」、「闡明觀點」、「提出意見」這三點，無論議論結果如何，想必都能讓人認為你是個「能夠獨立思考」的人，也能為下一場會議爭取到更多發言權。

頂尖人才爲何能夠持續地思考？

決定，通常都在一瞬間。不過在此之前，往往需要累積一定程度的思慮，才能夠下達決策。換言之，「決策思考力」要有所成長，不可缺少的因子就是——持續思考。

遇到問題時，「先尋找解決辦法」必定是第一個浮現的念頭。不過，只要問題一陷入無法解決的地步，就會讓人想盡早擺脫這燙手山芋。而這裡正是關鍵所在。選擇「在這裡放棄」或是不顧一切「繼續思考」，都會大大地影響我們思考能力的成長幅度。

不過就現實面來看，反覆地思考難題確實不是件簡單的差事。那麼，成功人士又是怎麼訓練的呢？這麼說或許過於理想，不過我認為，這些人的動力來自於他們對於「追求真理的渴望」。

諾貝爾物理學獎得主——湯川秀樹博士的自傳《旅人：湯川秀樹自述》中，提到自己在年輕時，曾經婉拒來自國外的留學邀請函。

在研究尚未有滿意的結果之前，我還不想前往海外。我會想辦法找出研究的題目，然後以渾身的知識與力量探求答案，看看自己究竟能夠做到什麼樣的地步。無論失敗多少次都無所謂，一旦成功自然有機會與外國學者們交流。

……我願意爲了我的研究賭上所有的知識、熱情與意念。若只憑著半吊子的決心，我是無法繼續研究的，還眞是麻煩的傢伙呢……。

正是這樣的氣勢，他才有辦法不斷地反覆思考，再三地重複實驗過程。並非依靠世俗事物的支持，而是藉著更深、更崇高的理想，驅使自己不斷前進。

又如博學者達文西，造就他成為天才的原因可說是「追求究極之美的渴望」。之所以留下為數眾多的精湛草稿，絕非只因想要增進自己的畫技這般庸俗的理由，而是想要畫更多美麗事物、想知道生命的根源究竟為何物，這樣純粹的理念罷了。正因如此，才能養成他不厭其煩、鉅細靡遺地觀察細節的習慣。

不只是湯川博士與達文西，那些能夠在歷史上留下名字的賢人們，大概都是「堅定、不停思考」的人。驅使他們前進的往往不是義務或是聲譽，而是更為至高的動機與理想。每天都必須不斷思考的我們，更應該有所自覺地將這些理念謹記在心才行。

另一位值得我們效法的，是童書作家兼佛學講師——宮澤賢治。他所寫下的童書、詩篇，跨越了世代甚至超越時代，至今依然影響著許多人。能夠擁有如此偉業，可說是受到「持續思考的能力」所致。

據傳，宮澤先生非常喜愛讀經時的聲音，不時帶領弟子們登上廟宇附近的岩手山（日本岩手縣的最高峰），徹夜在上頭朗誦經典。佛門教誨成為他精神的軸心，更進一步成為生命的支柱。除此之外，他還擅長將經典的大義化為自身感受，然後以最淺顯易懂的方式述說給世人知曉。

而他之所以能夠不斷地思考，就是因為他的靈感來源、精神支柱——佛教，像是一口永不枯竭的井。他所做的事，就像從佛教這個難以抵達的井中汲水，並將這些水贈與他人一般。

倘若換作我們，在這忙忙碌碌的日常中，即使只是面對眼前的問題，就已經感到焦頭爛額了。長久下來會使我們失去目標，對茫茫人生感到困惑。至少，應保留一個長遠的目標，像是「追尋真理」、「想想自己的理想究竟是什麼」，或是「我能為社會做些什麼」這類宏大的志向。同時，這會賦予自己在漫長人生中，一個持續思考的理由。

【後記】五天集訓，十秒內讓你有想法！

本書的主旨在於，五天打造出專屬於你的「自我想法」，十秒內言之有物。倘若仔細閱讀並貫徹書中方法，現在的你，應該可以感受到自己的蛻變才是。但是，這並非意味著就此結束。如何活用本書訣竅、保持思考，才是真正的關鍵。成功的起點現在才開始！

那麼，打造「自我想法」為什麼需要五天的時間？因為我認為，**短時間的集中課程，更能夠加強身心整體的印象**。

我在大學授課時，曾對學生實行過為期三天的集中課程。大多數人可能會覺得「三天的時間學得了什麼？」但令人意外的是，學生們的學習效果都比平常來得好。

就連十年不見的畢業生，在聚會時都會主動提到：「想當年，那三天的集訓還真是有趣啊！」正因為是短期集中的特訓，更會促使人產生意想不到的集中力。如果將本書內容，當作是五天的短期集訓講義，實踐起來會更有效果。

舉例來說，第一天的功課是「在網路上發表心得文」。一開始只發單篇也沒關係，嘗試在網路上寫出自己的心得感想、評論。只要踏出第一步，就能夠有效產生訓練的集中意識。在行事曆、記事本中寫上每一天的課題，同樣有很大的效果。**重點就是藉由「寫作」，喚醒「自我想法」的意識**。

在課堂中，我時常教授學生本書中所提到的項目，其成果可說是立竿見影，對學生們參與就職活動時也有很大的幫助。雖然受限於書籍形式，我無法現場給予建議，但請發揮你的想像力，積極參加這場為期五天的集訓吧！

設計成「五天」的型式，也是為了充分讓意識覺醒。當我們意識到訓練的重心後，下一個階段就可以進入「習慣化」。

透過書寫，能夠加速思考的習慣。當你發現「回過神來，自己已經在思考問題……」就可說成功了一大半，而這樣的思考習慣將真正屬於你。

本書有幸獲得出版機會，在此特別感謝島田榮昭先生以及姥康宏先生，提供諸多協助。透過和兩位的合作，才能夠在書中具體提示「思維訓練」的項目。

我們的日常生活，正如同位於波濤洶湧的大海中，要穿越眼前的海浪，最需要的是知識的力量與技能。若是透過本書，能夠讓讀者們順利獲得泳渡這片大海的「力與技」，那將會是我無上的喜悅。

ideaman 163

10秒內言之有物的即答思考法

原著書名——5日間で「自分の考え」をつくる本
原出版社——PHP研究所
作者——齋藤孝
企劃選書——何宜珍、呂美雲
責任編輯——呂美雲、劉枚瑛

版權——吳亭儀、江欣瑜、林易萱
行銷業務——周佑潔、賴玉嵐、賴正祐
總編輯——何宜珍
總經理——彭之琬
事業群總經理——黃淑貞
發行人——何飛鵬
法律顧問——元禾法律事務所 王子文律師
出版——商周出版
台北市104中山區民生東路二段141號9樓
電話：(02) 2500-7008　傳真：(02) 2500-7759
E-mail：bwp.service@cite.com.tw
Blog：http://bwp25007008.pixnet.net./blog
發行——英屬蓋曼群島商家庭傳媒股份有限公司城邦分公司
台北市104中山區民生東路二段141號2樓
書虫客服專線：(02)2500-7718、(02) 2500-7719
服務時間：週一至週五上午09:30-12:00；下午13:30-17:00
24小時傳真專線：(02) 2500-1990；(02) 2500-1991
劃撥帳號：19863813　戶名：書虫股份有限公司
讀者服務信箱：service@readingclub.com.tw
城邦讀書花園：www.cite.com.tw
香港發行所——城邦(香港)出版集團有限公司
香港九龍九龍城土瓜灣道86號順聯工業大廈6樓A室
電話：(852) 2508-6231　傳真：(852) 2578-9337
E-mail：hkcite@biznetvigator.com
馬新發行所——城邦(馬新)出版集團 Cite (M) Sdn Bhd
41, Jalan Radin Anum, Bandar Baru Sri Petaling,
57000 Kuala Lumpur, Malaysia.
電話：(603))9056-3833　傳真：(603)9057-6622
E-mail：services@cite.my

美術設計——copy
版面編排——Wendy
印刷——卡樂彩色製版有限公司
經銷商——聯合發行股份有限公司 電話：(02)2917-8022　傳真：(02)2911-0053

2016年1月初版
2024年1月4日2版
定價350元　Printed in Taiwan　
城邦讀書花園 www.cite.com.tw
ISBN 978-626-318-953-9
ISBN 978-626-318-948-5（EPUB）

線上版讀者回函卡

國家圖書館出版品預行編目(CIP)資料
10秒內言之有物的即答思考法/齋藤孝著；林佑純譯. -- 2版. --
臺北市：商周出版：英屬蓋曼群島商家庭傳媒股份有限公司城邦分公司發行, 2024.01
224面；14.8×21公分. -- (ideaman；163)
譯自：5日間で「自分の考え」をつくる本　ISBN 978-626-318-953-9(平裝)
1. CST：思考　2. CST：思維方法　176.4　112019461

Idea man